Walter Häge

Bachblüten- und Edelsteintherapie

Die Studien und Erkenntnisse über die Anwendungen in diesem Buch wurden sorgfältig recherchiert und nach bestem Wissen und Gewissen wiedergegeben. Alle Informationen ersetzen aber in keinem Fall ärztlichen Rat und ärztliche Hilfe. Bei erkennbaren Krankheiten ist in jedem Fall ein Arzt aufzusuchen. Der Verlag und die Autoren übernehmen keinerlei Haftung für Schäden, die sich durch Anwendung der dargestellten Behandlungsmethoden oder Rezepturen ergeben und übernehmen auch keinerlei Verantwortung für medizinische Forderungen.

Veröffentlicht im modul verlag, Wiesbaden
Copyright © 1998 by modul verlag, Katja Sellien, Wiesbaden
Alle Rechte der Verbreitung und Vervielfältigung – auch durch Film, Fernsehen, Funk, fotomechanische Weitergabe, Tonträger jeder Art und auszugsweisen Nachdrucks – sind vorbehalten.
Fotos: Ines Blersch, Stuttgart (Pflanzen und Steine),
       Janie Born, Wiesbaden (Seite 219)
Satz/Umschlaggestaltung: FREIsign, Klaus Freisem, Wiesbaden
Druck: Wiesbadener Graphische Betriebe GmbH, Wiesbaden

ISBN 3-9804725-1-5

Walter Häge

Die Kraft der Selbstheilung anwenden
Die neue kombinierte

Bachblüten- und Edelsteintherapie

Bachblüten & Heilsteine –
Eine Therapie gegen die Angst

modul verlag

Inhaltsverzeichnis

Inhaltsverzeichnis	5
Die Entdeckung des Dr. Edward Bach	7
Dr. Bach's Einteilung der Blüten	8
Heilsteine	9
Bachblüten und Edelsteine für Tag und Nacht	10

Warum wirken Bachblüten und Edelsteine positiv auf die Gesundheit?
Die Aura des Menschen 10
Die Chakren des Menschen 11

Wie ist bioenergetische Strahlung erfahrbar oder: der sechste Sinn?
Die Einhandrute 14
Körperübung 16
Das Pendel 16
Der Kinesiologische Test 17

Wie finde ich meine Bachblüte und meinen Heilstein? 18

Am Anfang ist die Angst 22

Angst – Bestandteil unseres Bewußtseins 23

Die Grundformen der Angst
a) Herausfallen aus der Geborgenheit 24
b) Angst vor der Hingabe 25
c) Angst vor der Vergänglichkeit 27
d) Angst vor dem Endgültigen 30

Die Bachblütentherapie – eine Therapie gegen die Angst 35
Selbstdiagnose 36
Bestandsaufnahme 1: Angst 37
Bestandsaufnahme 2: Egozentrik 38
Bestandsaufnahme 3: Ich-Schwäche 39
Bestandsaufnahme 4: Realitätsprobleme 41
Bestandsaufnahme 5: Streß, starke Anspannung 42

Veränderung ist angesagt! 44

Zwei mal 38 Helfer 45

Die 38 Bachblüten und die 38 Heilsteine auf einen Blick 49

Die 38 Bachblüten und die 38 Heilsteine 53
   1. Agrimony und Paua-Opal .... 54 – 57
   2. Aspen und Schwarzer Turmalin .... 58 – 61
   3. Beech und Regenbogenfluorit .... 62 – 65
   4. Centaury und Bernstein .... 66 – 69
   5. Cerato und Rauchquarz .... 70 – 73
   6. Cherry Plum und Lapislazuli .... 74 – 77
   7. Chestnut Bud und Mahagoniobsidian .... 78 – 81
   8. Chicory und Roter Achat .... 82 – 85
   9. Clematis und Sardonyx .... 86 – 89
  10. Crab Apple und Amethyst .... 90 – 93
  11. Elm und Chrysopras .... 94 – 97
  12. Gentian und Baumachat .... 98 – 101
  13. Gorse und Milchquarz .... 102 – 105
  14. Heather und Aquamarin .... 106 – 109
  15. Holly und Aventurin .... 110 – 113
  16. Honeysuckle und Roter Jaspis .... 114 – 117
  17. Hornbeam und Dumortierit .... 118 – 121
  18. Impatiens und Onyx .... 122 – 125
  19. Larch und Schneeflockenobsidian .... 126 – 129
  20. Mimulus und Hämatit .... 130 – 133
  21. Mustard und Rhodonit .... 134 – 137
  22. Oak und Karneol .... 138 – 141
  23. Olive und Rosenquarz .... 142 – 145
  24. Pine und Bergkristall .... 146 – 149
  25. Red Chestnut und Rhodochrosit .... 150 – 153
  26. Rock Rose und Heliotrop .... 154 – 157
  27. Rock Water und Natur-Citrin .... 158 – 161
  28. Scleranthus und Friedensachat .... 162 – 165
  29. Star of Bethlehem und Tigerauge .... 166 – 169
  30. Sweet Chestnut und Apachenträne .... 170 – 173
  31. Vervain und Azurit .... 174 – 177
  32. Vine und Tigereisen .... 178 – 181
  33. Walnut und Landschaftsjaspis .... 182 – 185
  34. Water Violett und Roter Turmalin .... 186 – 189
  35. White Chestnut und Bronzit .... 190 – 193
  36. Wild Oat und Granat .... 194 – 197
  37. Wild Rose und Cyanit .... 198 – 201
  38. Willow und Blauquarz .... 202 – 205

Anwendungen 207

Gewähr für echte Heilsteine 216

Wichtige Adressen und Literatur 220

Die Entdeckung des Dr. Edward Bach

Dr. Edward Bach (1886 – 1936) war ein sehr begabter Arzt. Sein Vater war Fabrikbesitzer, so daß der junge Bach wohl versorgt seinen Studien nachgehen konnte. Er war hochbegabt und praktizierte erfolgreich als Chirurg, Bakteriologe und Leiter des Forschungslabors des homöopathischen Krankenhauses in London. Zusätzlich hatte er noch eine gutgehende Praxis als niedergelassener Arzt.

Sein Lebensinhalt war die Homöopathie. Er konnte in seiner Forschungsarbeit einen Zusammenhang zwischen der Patientenpersönlichkeit und deren Bakterienstämme nachweisen. Daraus wurden die sogenannten „Bach-Nosoden" entwickelt. Eine Nosode ist ein homöopathisches Mittel, das aus Krankheitserregern gewonnen wird. Ein Mittel „ähnlich" der Krankheit, jedoch ohne deren zerstörerische Kraft. Heilung von der Krankheit hieß für ihn auch Heilung der Persönlichkeit.

Erst 1930, sechs Jahre vor seinem Tod, fand er die erste seiner 38 Helfer-Pflanzen. Die heute bekannten „Bachblüten" waren lediglich eine Fortführung seines kraftvollen Lebenswerkes. Lesen wir einige Zeilen von ihm:

„Bestimmte wildwachsende Pflanzen, Büsche und Bäume höherer Ordnung haben durch hohe Schwingung die Kraft, unsere menschlichen Schwingungen zu erhöhen und unsere Kanäle für die Botschaften unseres spirituellen Selbst zu öffnen; unsere Persönlichkeit mit den Tugenden, die wir nötig haben, zu überfluten und dadurch die Charaktermängel auszuwaschen, die unsere Leiden verursachen. Wie schöne Musik oder andere großartige inspirierende Dinge sind sie in der Lage, unsere ganze Persönlichkeit zu erheben und uns unserer Seele näher zu bringen. Dadurch schenken sie uns Frieden und entbinden uns von unseren Leiden. Sie heilen nicht dadurch, daß sie die Krankheit direkt angreifen, sondern dadurch, *daß sie unseren Körper mit den schönen Schwingungen unseres Höheren Selbst durchfluten, in deren Gegenwart die Krankheit hinwegschmilzt wie Schnee an der Sonne. Es gibt keine echte Heilung ohne Veränderung in der Lebenseinstellung, des Seelenfriedens und des inneren Glücksgefühls.*"

Wie die östliche Medizin und wie viele alternative Mediziner auch, vermutete Dr. Bach die Ursprünge von körperlichen Krankheiten in der Psyche des Menschen. Nach dem Satz: „Erst wird die Seele krank, dann der Körper", interessierte sich auch Dr. Bach mehr für die seelischen Probleme seiner Patienten. Er spürte intuitiv die individuellen Schwingungen von Pflanzen und konnte deren heilende Wirkung den Gemütszuständen der Patienten zuordnen.

Natürlich ist die Einteilung, so wie sie Bach vorgenommen hat, nicht wissenschaftlich, sondern sie geschah rein intuitiv, und auch die Beschreibung der Wirkungen ist sehr volkstümlich gehalten. Aber tut dies der Wirkung einen Abbruch? Ist nicht die tatsächliche Hilfe das Wichtigste? Auch wenn manche der nachfolgenden Begriffsbildungen z. B. der psychoanalytischen Terminologie nicht standhält, so ist dies ganz und gar unwichtig. Wichtig ist lediglich die persönlich spürbare Hilfe, die Veränderung der als negativ empfundenen Gemütslage.

Daß dies allein für eine ganzheitliche Therapie natürlich nicht ausreichend ist, allenfalls ein Anstoß sein kann, versteht sich von selbst. Wer zum Beispiel in persönlichen ungesunden Verstrickungen lebt und dadurch unter starken seelischen Problemen leidet, wird durch die Einnahme von Bachblüten die Probleme nicht lösen können. Die Bachblüten aber können der Beginn einer Veränderung sein, der Anfang eines neuen Weges, das Aufbrechen alter, verkrusteter Denk- und Fühlstrukturen. Sie können aufzeigen, daß es Wege gibt aus dem Schmerz, aus der scheinbar ausweglosen Isolation.

Bachblüten weisen einen neuen Weg, schlagen Löcher in Mauern, bauen Stege über die Schlucht, befreien von Angst, reißen die dunklen Wolken auseinander und zeigen dahinter die Sonne. Dann ist das Schwierigste, der Anfang, der Neubeginn geschafft. Aber den Weg der Veränderung müssen wir selbst gehen.

Dr. Bach's Einteilung der Blüten

Dr. Bach hat die entdeckten 38 Blüten, die er 38 negativen Gemütsverfassungen zuordnete, in 7 Kategorien aufgeteilt: Angst, Unsicherheit, mangelndes Interesse an der Gegenwart, Einsamkeit, Überempfindlichkeit gegenüber Einflüssen und Ideen, Mutlosigkeit und Verzweiflung, übergroße Sorgen um das Wohl anderer.

Ich habe diese Einteilung, ohne die Bach'sche Kategorisierung inhaltlich zu verändern, in fünf Gruppen aufgeteilt und diese mit Begriffen benannt, die heute in der Psychologie gebräuchlich sind:

Gruppe 1: Angst
a) tiefe Angst, b) Ängstlichkeit
Helfer: Aspen, Red Chestnut, Rock Rose, Agrimony, Mimulus, Heather.

Gruppe 2: Egozentrik
a) Intoleranz, b) negatives Sozialverhalten
Helfer: Chicory, Beech, Vine, Water Violett, Impatiens, Rock Water, Holly, Willow, Crab Apple.

Gruppe 3: Ich-Schwäche
Helfer: Wild Oat, Larch, Cerato, Scleranthus, Gentian, Pine, Centaury, Walnut.

Gruppe 4: Realitätsprobleme
a) Depressionen, b) Verdrängung
Helfer: Mustard, Elm, Hornbeam, Olive, Wild Rose, Gorse, Star of Bethlehem, Clematis, Honeysuckle, Chestnut Bud, White Chestnut, Sweet Chestnut.

Gruppe 5: Streß, starke Anspannung
Helfer: Vervain, Oak, Cherry Plum.

Diese 38 Blüten spiegeln 38 verschiedene negative Stimmungen, Gemütsverfassungen oder tief versteckte Formen der Angst wieder. Wenn man also eine solche negative Seelenlage als Blockade sieht, dann hilft die dazu passende Blüteninformation, diese Blockade zu lösen.

Aber schon als Vorbeugung sind die richtigen Bachblüten wichtig, bevor sich Disharmonien der Seele im Körper manifestieren. Es geht in der Prophylaxe immer darum, den positiven Teil unseres Selbst zu stärken, damit genügend Energie frei wird, um den negativen Teil integrieren zu können.

Wir wissen, daß es in der Homöopathie die „Information" ist, welche der Selbstheilung den Anstoß versetzt. Die 38 Essenzen sind also 38 Blüteninformationen, die sich bei jeweiliger Kohärenz (=Gleichklang) „andocken" oder, besser gesagt, „einschwingen". Und gleichermaßen verhält es sich bei den Heilsteinen.

Heilsteine

Seit es schriftliche Überlieferungen gibt, wissen wir von den Heilkräften, welche den Edelsteinen zugeschrieben werden. Spätestens seit der Äbtissin Hildegard von Bingen (1098–1179) ist dieses Wissen zum Allgemeingut geworden.

Mit der Mechanisierung unserer Welt, mit dem Einzug der Aufklärung, der Vernunft und des Siegeszuges des Verstandes, ist diese Heilkraft immer mehr in Vergessenheit geraten. Nun, da wir den Zusammenbruch unseres Gesundheitssystemes miterleben, besinnen sich viele Menschen wieder auf altes Wissen.

Zahllose Gebrauchsanleitungen für Heilsteine gibt es, aber meines Wissens kein Helfersystem, das sich auf die Gemütsverfassung, auf die Seele bezieht. Ich bin glücklich darüber, daß mir dieses „zu-gefallen" ist. Es ist einer dieser sogenannten Zufälle, die man wirklich von seiner Wortbedeutung her sehen muß, nämlich daß etwas auf einen zu fällt. Es ist da, hat sein Ziel erreicht und dann muß man es nehmen.

Nichts liegt nämlich näher, als beide Phänomene zu verbinden: das der Edelsteine und das der Bachblüten – einfach, um möglichst viel von der Weisheit der Natur für sich zu nutzen!

Frequenzgleiche Pflanzen und Edelsteine?

„Wenn ich nun die Informationen, welche Bäume, Blätter, Blüten usw. abstrahlen, nicht nur fühlen, sondern auch in ihrer Wellenlänge und in ihrer Intensität unterscheiden kann, dann müßten diesen bestimmten Pflanzenfrequenzen auch bestimmte Edelsteinschwingungen zuzuordnen sein." Das war mein Grundgedanke, mit dem ich an die Arbeit ging. Zwei Extreme standen am Anfang: Das Geißblatt (Honeysuckle) vor unserem Haus und die uralte Eiche (Oak) dahinter. Das kleine, unscheinbare Geißblättchen „funkte" mich bis auf etwa sieben Meter an, die Eiche bis auf etwa zwanzig Meter. Ich besorgte mir zwei Flaschen gleichnamiger Blütenessenz des Dr. Bach und siehe da, meine Pflanzen und die englischen homöopathische Verdünnungen sendeten in gleicher Frequenz!

Nun nahm ich mir die Heilsteinsammlung meiner Frau und die einer Bekannten vor und testete Stein um Stein am lebenden Objekt und an der Stockbottle (= Vorratsflasche) durch. Es waren insgesamt gut über einhundert Steine und sehr lange tat sich nichts. Bis dann der rote Jaspis zum Geisblatt kam! Die Übereinstimmung in der gespürten Frequenz war für mich „umwerfend". Die Einhandrute drehte so stark positiv, als wollte sie zerbrechen. Die gleiche Reaktion zeigte sich dann mit dem Karneol an der Eiche.

Jetzt war gänzlich klar, woran ich die nächsten Wochen und Monate zu arbeiten hatte. Und es machte ungeheure Freude, zu sehen, wie allmählich ein System sichtbar wurde, das ganz und gar zueinander paßte: Pflanzeninformation und Edelsteininformation auf gleicher Wellenlänge!

Bachblüten für den Tag, Heilsteine für die Nacht

Um mit Bachblüten und Heilsteinen kombiniert umzugehen, gibt es verschiedene Möglichkeiten. Was sich im Freundes- und Bekanntenkreis und in unserer Selbsthilfegruppe bewährt hat (siehe wichtige Adressen) ist dies:

Bachblüteneinnahme morgens, mittags, abends. Vor dem Abendessen, nach dem Abendessen und vor dem Zubettgehen je einen großen Schluck Edelsteinwasser von meinem Edelstein. Diesen nehme ich dann mit zu Bett und trage ihn am Körper oder lege ihn neben den Körper oder unter das Kopfkissen. Über die Nähe zum Körper muß man sich keine Gedanken machen, die regelt er schon selbst. In den meisten Fällen empfiehlt sich noch eine zusätzliche Bergkristall-Spitze als „Schlafstein" unter dem Kopfkissen.

In dieser Kombination haben wir schon viele lästige Leiden verschwinden sehen wie Schlaflosigkeit, Haut- und Juckprobleme, Allergischer Husten, Neurodermitis, Bronchialprobleme und etliches mehr.

Diese Tag- und Nacht-Kombination soll Sie natürlich nicht hindern, Ihren Stein tagsüber mitzunehmen bzw. am Körper zu tragen. Sie müßten sich dann nur einen zweiten besorgen, um über Tag das Edelsteinwasser herzustellen, das Sie abends dann trinken (siehe Seite 210: Das Herstellen von Edelsteinwasser).

Die Aura des Menschen

Um zu verdeutlichen, auf welche Weise die nichtstoffliche Information der Heilsteine und Bachblüten einen positiven Einfluß auf die menschliche Gesundheit nehmen können, erläutere ich nachstehend Aura und Chakren des Menschen.

Die westliche Kultur ist von einem stark materialistischen Menschenbild geprägt. Das Denken, die Logik und der Verstand sind demnach Produkte des Gehirns, während das Vorhandensein der Seele zwar bejaht wird, sie jedoch nicht klar im Menschen geortet werden kann. Ist das Herz „lediglich" ein Muskel, so kann es nicht gleichzeitig Zentrum der Seele sein.

Im östlichen Denken dominiert ein gänzlich anderer Erklärungsansatz. Vereinfacht ausgedrückt (der Leser möge sich mit dieser Thematik intensiv beschäftigen), ist der Mensch hier zunächst Seele, die im Körper Gestalt angenommen hat.

Um den grobstofflichen Körper liegt zumindest ein unsichtbarer, feinstofflicher Körper. Umgekehrt: Im unsichtbaren, feinstofflichen Menschen bewegt sich der Körper, den wir kennen und anfassen können. Wenn wir diesen feinstofflichen Körper mit Seele gleichsetzen, dann steuert unsere Seele, das eigentliche „Ich", unseren Körper.

Der Begriff Aura ist auch bei uns weithin bekannt. Er bezeichnet einen energetischen Bereich um den Körper, den die Radiästheten „biodynamisches Feld" nennen. Die Aura des Menschen besteht aus zehn „Schalen", die bis zu einem Umkreis von 15 Metern um seinen Körper wirken. Radiästhetisch exakt meßbar ist die erste Auraschale mit einem maximalen Durchmesser von 3 Metern.

Je nach Temperament des Menschen gibt es große und kleine Auren. Während der lebensfrohe und beleibtere „Yang-Typus" in der Regel eine kleine Aura hat, ist diejenige des schmalgliedrigen, schläfrigen und häufig frierenden „Yin-Typen" eine ausgesprochen große Aura, weshalb diese dichte Menschenansammlungen meiden.

Nicht nur der Mensch, sondern auch Pflanzen und Tiere, verfügen über eine Aura. Sensible Menschen vermögen sie zu fühlen oder gar zu sehen.

Die Chakren des Menschen

Der Mensch besitzt außer dem Energie-Aufnahme-System über den Stoffwechsel, darüber sind sich die östlichen Mediziner und unsere Naturheilkundler einig, ein zweites Energie-Aufnahme-System über die Haut. Es sind dies die Chakren oder Kraftzentren. Man kann sich diese als „Drüsen" des Energiekörpers vorstellen, der um unseren stofflichen Körper liegt.

Chakren sind Verbindungen, in denen Energie vom nicht-sichtbaren Körper zum sichtbaren Körper fließt. Sie sind Wellen oder radartige, farbige Strukturen, kurz „Räder" genannt, die sich unausgesetzt drehen und so die Kraft des Universums, die Lebensenergie in uns hineinwirbeln. „Lebensenergie" ist ein Hilfsbegriff für eine Energie, von der man weiß, daß sie existiert, die aber bis jetzt nicht erforscht ist. Es ist eine Energieform aus dem Kosmos, die um die Erde „liegt" und uns über die Haut mit Energie, mit Leben versorgt. Hier tut sich der messende Wissenschaftler wieder schwer, denn es sind hierfür noch keine Meßgeräte vorhanden. Weltweit werden darüber Forschungen betrieben.

Es gibt sieben Haupt- und Nebenchakren. Man kennt viele Namen für diese Energie, der wohl bekannteste ist Prana.

C. W. Leadbeater nennt sieben Chakras oder Kraftzentren, die jeder Mensch besitzt:

- Das erste Chakra ist das *Wurzel-Chakra* (An den Geschlechtsorganen).
- Das zweite Chakra ist das *Milz-Chakra*.
- Das vierte Chakra ist das *Herz-Chakra*.
- Das fünfte Chakra ist das *Hals-Chakra*.
- Das sechste Chakra ist das *Stirn-Chakra*.
- Das siebte Chakra ist das *Scheitel-Chakra* (Oberhalb des Kopfes).

(aus: *C.W. LEADBEATER, Die Chakras,* Bauer Verlag 1996)

Es gibt Menschen, die besonders das Scheitel-Chakra sehen können. Es ist dies der „Heiligenschein", der uns auch im Christentum überliefert wird.

Alle diese Räder drehen sich unaufhörlich und lassen die Kraft des Universums in uns strömen. Dies ist „Prana" oder auch das „Orgon" Wilhelm Reich's. Der physische Körper existiert nur zusammen mit dieser Energie.

Leadbeater schreibt: „Ohne diesen Krafteinstrom könnte der physische Körper nicht bestehen; darum sind auch diese Zentren bei allen Menschen in Tätigkeit, obgleich sie sich in einem unterentwickelten Individuum natürlich nur verhältnismäßig schwerfällig bewegen und gerade nur den für die Kraft notwendigen Wirbel erzeugen, aber auch nicht mehr. In einem entwickelten Menschen erstrahlen und pulsieren sie." Die Blüten- und Steininformationen wirken über Aura und Chakren auf den menschlichen Organismus ein.

Der sechste Sinn:
Die Wiederentdeckung eines verlorenen Sinnes

Unsere fünf Sinne sind hören, riechen, sehen, schmecken und tasten/fühlen. Sie sind alle unerhört wichtig für die Orientierung und für das Bild, das wir uns von unserer Umgebung machen. Wir orientieren uns mit ihnen in den uns bekannten drei Dimensionen. Wie wir schon gesagt haben, halten wir in der Regel diese drei Dimensionen für die Realität, die uns umgibt. Das ist richtig und gleichzeitig falsch. Diese drei wohlbekannten Dimensionen Länge, Höhe und Breite sind zwar Realität, aber nur der Beginn der Realität, sozusagen der Boden, auf dem sich jeder sicher bewegen kann.

Wir alle aber können und sollen wieder lernen, unseren Gefühlen stärker zu vertrauen, denn was für den Einzelnen wichtig und richtig ist, kann letztendlich nur jeder für sich alleine herausfinden. Es gibt verschiedene Hilfsmittel, deren man sich hierfür bedienen kann: das Pendel, die Einhandrute oder z. B. der Kinesiologische Test, bei dem man anhand der Muskelspannung das Ja oder Nein des Körpers abfragen kann. Da man hierzu aber eine zweite Person benötigt (die ja auch ihre eigene Schwingung hat und außerdem nicht jederzeit verfügbar ist), haben wir uns für die Einhandrute entschieden, weil diese Technik unserer Meinung nach am leichtesten und schnellsten zu erlernen ist.

Das Leben dreht „rechts"!

Es ist ein Gesetz der Natur, daß die für den Menschen positive energetische Strahlung eine rechtsdrehende Strahlung ist. Jeder gesunde Baum, jeder gesunde Strauch, jedes gesunde Blatt sendet eine rechtsdrehende, bioenergetische Strahlung aus (auch hier gibt es Ausnahmen von der Regel), die wir radiästhetisch messen können, also die mit Einhandrute oder Pendel erfaßbar sind. Gerade bei großen, alten Bäumen kann diese positive Strahlung sehr intensiv sein. Eine Ausstrahlung von zwanzig Metern ist da keine Seltenheit.

Die Kultur der Indianer kannte diese Wirkung. Es ist bekannt, daß Indianer „ihren" Baum hatten, den sie aufsuchten, an den sie sich anlehnten, wenn es ihnen nicht gut ging. Hier tankten sie neue Kraft.

Deshalb ist das Grün des Waldes eine Wohltat für die Seele und somit auch für den Körper. Wir tauchen bei einem Waldspaziergang oder bei einem Gang durch einen Park ein in ein Meer von positiven Schwingungen, die sich gegenseitig durchdringen. Tief in uns spüren wir die Zugehörigkeit zu unseren grünen Freunden – eine Zugehörigkeit, die sich als Sehnsucht ausdrückt, wenn man lange nicht da war.

Das Gegenteil dieser positiven Strahlung ist die linksdrehende Strahlung, die „Giftdrehung". Sie ist überall dort zu finden, wo eine Abstrahlung schädlich auf das gesunde Leben wirkt. Auch diese Giftdrehung ist radiästhetisch meßbar.

Wichtig für uns ist, messen zu können, wie weit diese negative Strahlung von einem Ort aus geht, um Gegenmaßnahmen ergreifen zu können (z. B. am Computer-Arbeitsplatz oder bei Störzonen am Schlafplatz).

Die Einhandrute

Die Einhandrute gibt es seit Menschengedenken. Ein Stab war nicht umsonst immer das Zeichen der Herrscher, obwohl der mittelalterliche Zepter-Träger sicher nichts mehr über dessen Ursprung wußte. Wenn auch heute der „Stab" im Bewußtsein vieler Menschen fast nur noch als Jux existiert oder als „Handwerkszeug" eines Zauberers beziehungsweise einer Hexe mit schwarzem Raben auf der Schulter, so ist er doch nicht ganz aus der Überlieferung gelöscht. Auch bei „Asterix der Gallier" ist er wieder nahe, denn wenn der Druide Kräutlein für seinen „Zaubertrank" sucht, schwingt er sein dünnes Stäbchen. Und welchem Kind klingt nicht noch das „Abrakadabra" im Ohr, verbunden mit einer schwingenden Armbewegung. Und was befindet sich zwischen den Fingern? Der Zauberstab.

Die Esoterik, die „Geheimwissenschaft", bedient sich heute, wie eh und je, des Pendels und der Einhandrute, wobei das Pendeln weitaus bekannter ist als der Umgang mit dieser Rute. Das Phänomen, das die Bewegung bei Pendel und Einhandrute bewirkt, ist das gleiche, nur ist die Einhandrute universeller und praktischer einzusetzen.

Das Visualisieren, das Sichtbarmachen einer Schwingung kann bei der Einhandrute äußerst beeindruckend sein. Durch den 60 Zentimeter langen speziellen Stahl ergibt sich eine enorme Schwingungsfähigkeit, die bei keinem Pendel zu erzielen ist.

Es ist dieser Stahl, der die Bergkristallkugel an der Spitze in ihre Bewegungsbahn bringt. Und die dadurch leichte Handhabung macht das Wissen für alle zugänglich, die dieses Phänomen zulassen.

Diese Einhandrute ist, wie ein frisch geschnittenes Ästchen auch, eine reine „Antenne", eine Verlängerung der rechten Hand. Das Schwingungsphänomen, das unseren Körper nach dem „Links-Rechts-Prinzip" durchzieht, wird dadurch lediglich *sichtbar* gemacht. Besonders sensitive und begabte Rutengänger brauchen deshalb *keinerlei* Hilfsmittel. Sie spüren am Zittern der Hand, wo sich Wasser, Verwerfungen oder auch Metalle befinden.

Für uns weniger Begabte, aber doch sensitive Menschen ist die Einhandrute ein regelrechtes Universalgerät, das die gute oder schlechte Schwingung zwischen lebenden Systemen und zwischen leben und *nichtlebenden* Systemen aufzeigt.

Nicht nur, daß Sie Ihre Lebensmittel austesten und Ihre Pflanzen fragen können, ob sie am richtigen Platz stehen, Sie können bei jedem Material fragen, ob dies gut für Ihren Körper ist. Natürlich können Sie auch testen, ob Farben oder Düfte zu Ihnen passen und – eine ganz wichtige Angelegenheit: Sie können Ihre Medikamente auf Verträglichkeit austesten. Ich kenne Heilpraktiker, die kein Medikament verordnen, ohne vorher mit dem Patienten einen Kohärenz-Test gemacht zu haben.

Das „Einstellen" der Einhandrute

Bevor ich von der Einhandrute eine Antwort auf eine Frage erwarten darf, muß ich mich mental „einstellen". Ich muß eine Vereinbarung treffen, welche Schwingungsrichtung welche Antwort bedeutet. Wir vereinbaren folgendes: Einen zu prüfenden Gegenstand nehme ich in die linke Hand (wenn ich Rechtshänder bin) und frage: „Bist Du gut für mich?"

Eine „Ja"-Antwort, so vereinbare ich mit mir selbst und mit der Rute, bedeutet ein *horizontales* Schwingen. Beide Systeme zeigen ihre Kohärenz (= Übereinstimmung), indem sie zueinander schwingen:

Eine „Nein"-Antwort, so vereinbare ich mit mir selbst und mit der Rute, bedeutet ein *vertikales* Schwingen. Beide Systeme zeigen ihre Inkohärenz, indem sie sich durch die vertikale Schwingung trennen.

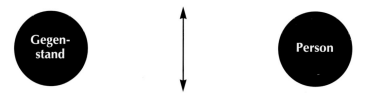

Prinzipiell würden diese beiden Antworten schon genügen. Eine Erweiterung auf vier mögliche Antworten ist natürlich noch befriedigender. Deshalb vereinbare ich mit mir selbst und mit der Rute, daß die Potenz von „gut" eine Rechtsdrehung sei:

Die Potenz von „nein", die sogenannte „Giftdrehung", so vereinbare ich mit mir und mit der Rute, sei eine Linksdrehung:

Körperübung

Um testfähig zu sein, muß der körpereigene Strom fließen. Der Körper darf nicht blockiert sein, sonst ist alles Bemühen vergeblich. Als Blockade reicht schon die gedankliche Feststellung, dies alles sei Unsinn. Aber auch wenn beide Körperhälften nicht richtig „gekoppelt" sind, bewegt sich die Rute nicht.

Für den Anfänger empfehle ich folgende einfach und schnell durchzuführende Körperübung, die man später, wenn man sich in der Handhabung der Rute sicherer fühlt, nicht mehr unbedingt braucht. Sie bewegen ruckartig im Stehen das linke Knie und den rechten Ellenbogen gleichzeitig aufeinander zu, am besten mit dem Ausstoßen der sich zusammenpressenden Luft – „Uh!" Dann das rechte Knie und den linken Ellenbogen – „Uh!" Vier Viererübungen, immer im Sekundentakt, machen den müdesten Körper fit.

Dann atmen Sie tief aus, indem Sie Ihren Oberkörper nach vorne beugen und die Arme dabei baumeln lassen. Ist keine Luft mehr in Ihren Lungen, atmen Sie langsam ein, indem Sie sich aufrichten und die Arme hoch über sich halten. Das Einatmen sollte abgeschlossen sein, wenn beide Arme hoch ausgestreckt sind. Die angestaute Luft halten Sie fest, indem Sie einen fiktiven Ball mit beiden Händen zusammendrücken und diesen Ball zum Boden befördern, wo Sie mit einem Ruck ausatmen. Dies machen Sie drei Mal.

Nun stehen Sie kerzengerade und lassen Ihre Arme am Körper baumeln. Schließen Sie die Augen. Sie spüren, wie sich die Energie durch Ihren Körper bewegt und an den Fingerspitzen diesen verläßt.

Die flach ausgestreckte linke Hand halten Sie nun mit der Innenseite etwa 5 cm über Ihrem Kopf. Die Rute halten Sie in der rechten Hand. Wenn Ihre Kopfaura gut abstrahlt, dreht sich die Rute rechts (vereinbaren Sie dies mit ihr!). Fahren Sie mit der linken Hand im 5-cm-Abstand über beide Hirnhälften von rechts nach links und umgekehrt und schauen Sie auf die Rutenspitze. Dreht sie sich rechts, können Sie mit dem Testen beginnen.

Das Pendel

Wie die Einhandrute, so ist das Pendel schon von alters her eine bekannte Methode, um Fragen bezüglich des Unterbewußten zu beantworten. Auch hier lassen sich alle nur erdenklichen Fragen stellen: sind Pflanzen, Steine, Nahrungsmittel, Medikamente usw. gut für mich? Wie bei der Einhandrute bedarf es aber einer gewissen „Einarbeitungszeit", um die Schwingungen richtig deuten zu können.

Wollen Sie erproben, ob Sie mit dem Pendel zurechtkommen, nehmen Sie einen Ring, den Sie tragen (oder einen Schlüssel) und befestigen ihn an einem ca. 20 cm langen Faden. Rechtshänder nehmen das Ende des Fadens zwischen Daumen und Zeigefinger der rechten Hand, Linkshänder nehmen die linke Hand. Bei entspanntem Körper (siehe unsere Übung) und möglichst gedankenfreiem Kopf stützen Sie den Ellbogen auf, um unwillkürliche Bewegungen zu vermeiden. Nehmen Sie ein Foto einer Ihnen bekannten Person oder einen Gegenstand, über den Sie sich nicht sicher sind (z. B. ein vielleicht nicht verträgliches Nahrungsmittel), in die freie Hand, halten das Pendel darüber und fragen etwas, das mit Ja oder Nein zu beantworten ist – z. B.: „Bist Du gut für mich?" Die beste Möglichkeit zum Üben der Testfähigkeit ist, etwas zu nehmen, von dem Sie ganz sicher sein können, daß es sehr unverträglich ist, z. B. eine Zigarette. Das Pendel sollte eine Linksdrehung vornehmen oder zumindest parallel vor dem Körper nach rechts oder links ausschlagen.

Das gekaufte Pendel sollte eine konische, also nach unten spitz zulaufende Form haben. Die gebräuchlichsten Materialien sind Messing, Silber, Bernstein oder Bergkristall.

Es kann verschiedene Ausschläge geben:
1. Kreis- bis Ellipsenförmig rechsdrehend = Stark Ja
2. Geradlinig zum Körper hin- und wegschwingend = Schwach Ja
3. Kreis- bis Ellipsenförmig linksdrehend = Stark Nein
4. Parallel vor dem Körper nach rechts und links schwingend = Schwach Nein

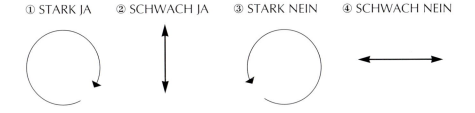

① STARK JA   ② SCHWACH JA   ③ STARK NEIN   ④ SCHWACH NEIN

Empfohlene Literatur: „Der erfolgreiche Pendelpraktiker", Spiesberger, Karl; Bauer Verlag 1995.

Der Kinesiologische Test

Wer mit Einhandrute oder Pendel Anfangsschwierigkeiten hat, dem sei hier noch als Ergänzung der Kinesiologische Test empfohlen, der anhand der Muskelspannung im Körper der Testperson Verträglichkeiten oder Unverträglichkeiten auf bestimmte Stoffe anzeigt. Vorteil ist: Ihr Körper weiß selbst am besten, was gut oder schlecht für ihn ist. Nachteilig ist anzusehen, daß Sie dazu immer eine zweite Person benötigen.

Testablauf: Sie stellen sich entspannt aufrecht hin (auch hier ist unsere Körperübung wieder sehr nützlich), strecken den linken oder rechten Arm zur Seite aus. Die Person, die Sie testen soll, drückt nun von oben den Arm herunter, wobei dies nicht mit großer Kraft geschehen soll, sondern nur, um Ihre Kraft zu spüren, mit der Sie von unten gegen die Hand des Gegenübers drücken. Nun nehmen Sie den zu testenden Gegenstand in die freie Hand und halten ihn vor ihr Brustbein (dort sitzt die Lebensquelle eines jeden, die Thymusdrüse). Oder sie legen die freie Hand auf ein Foto auf, das vor Ihnen liegt. Jetzt versucht Ihr Gegenüber wieder, Ihren ausgestreckten Arm herunterzudrücken. Vertragen Sie z. B. das Nahrungsmittel, bleibt Ihr Arm gleich stark, ist es unverträglich wird Ihr Arm schwächer. Bei starker Unverträglichkeit läßt er sich trotz größter Kraftanstrengung Ihrerseits mühelos von Ihrem Gegenüber herunterdrücken. Besonders gut zu spüren ist dies wieder mit einer Zigarette oder mit einem Stück weißem Würfelzucker. Beides ist, wie jeder weiß, nicht besonders gut für Ihre Gesundheit!

Empfohlene Literatur: „Der Körper lügt nicht", Diamond, John; Verlag für angewandte Kinesiologie, 1994.

Wie finde ich meine Bachblüte und meinen Heilstein?

Für den Menschen, der mit den vorher beschriebenen Testmethoden Schwierigkeiten hat, kann dies eine langwierige und schwierige Aufgabe werden, denn er soll mit der flachen Hand über jedes Essenz-Fläschchen fahren und dann spüren, wo es in der Handunterfläche kribbelt.

Ich halte diese Methode vielleicht geeignet für Heilpraktiker und Menschen, die sich schon lange Zeiten und intensiv mit der Materie beschäftigen. Für den Menschen, der gerade beginnt, sich mit Bachblüten auseinanderzusetzen, ist dies ungeeignet.

Als zweites gibt es die Möglichkeit, sich an Hand der nachstehend erstellten Systematik einzuordnen und zu sagen: Ich gehöre zu der und der Gruppe, ich habe genau dieses oder jenes psychische Problem, also brauche ich diese oder jene Bachblüte.

Dies ist nun aber oft sehr schwierig, denn in der Regel wird das Problem ja so weit wie möglich weggeschoben und verdrängt, bzw. man kann sich nicht eindeutig einer Gruppe zuordnen. Das Eingestehen seiner eigenen Problempunkte, gar das Aussprechen dieser, kann äußerst schmerzlich sein und die vorhandenen seelischen Wunden so richtig offenlegen. Und dies tut enorm weh! Die eben beschriebene Methode setzt voraus, daß man sich selbst objektiv von außen betrachten kann.

Die dritte Möglichkeit ist, Sie lassen sich von einem sachkundigen Heilpraktiker ihre Bachblüten zusammenstellen und vom Apotheker mischen. Sie bleiben dann weiter mit Ihrem Heilpraktiker in Verbindung, besprechen die Wirkungen nach der Einnahme und haben so einen Ansprechpartner. Dies ist eine ausgezeichnete Lösung, wenn Sie einen kompetenten Fachmann finden, der das richtige Herausfinden für Ihre Person beherrscht. Dann ist auch das Geld für eine eventuell begleitende Behandlung sehr gut angelegt.

Vielleicht finden Sie einen Heilpraktiker, der mit der Einhandrute umgehen kann. Dann sind Sie in allerbesten Händen und es ist gesichert, daß man die richtigen Essenzen bekommt. Da es aber Ziel dieses Buches ist, unabhängig von anderen Menschen zu werden und sich selbst zu helfen, finden wir in Ruhe und Konzentration selbst heraus, welche Blüten wir heute und jetzt brauchen.

Die Information ist auch im Bild!

Die Information über die Bachblüte ist nicht nur in der Blüte selbst und in der homöopathischen Verdünnung, in der Essenz gespeichert, diese identische Information gibt auch das Bild von der Blüte und das Bild vom Edelstein ab.

Ein Bild von etwas ist ein Daten-Feld mit Abermillionen von Daten. Es ist eine Art von Informationspool, der seine Informationen nach außen sendet: Stoffliche Informationen mit starken Kräften energetischer Struktur – und zwar die identische Information des Originals. Das Abbild ist die millionenfache Auflösung des Originals und seine gleiche Zusammensetzung, z. B. auf dem Fotopapier. So wie die Blütenessenz, die ich in der Hand halte, lediglich eine Information der ursprünglichen Bachblüte ist, so ist das naturgetreue Farbbild von der Bachblüte ebenso eine Information der ursprünglichen Bachblüte.

Das Gleiche gilt für den Edelstein: Wenn Sie als Rechtshänder Ihre linke Innenhand-Fläche einige Zentimeter über das naturgetreue Edelsteinbild halten (Linkshänder umgekehrt), erhält Ihr Körper die identische Information. Oder Sie legen Ihre Hand direkt auf das Bild.

Es muß natürlich eine gute, farbige, möglichst wirklichkeitsgetreue Abbildung sein! Sie nehmen die Einhandrute in die rechte Hand und fragen mental ab. Zu Beginn müssen Sie vielleicht noch mit etwas Geduld üben, aber nach einiger Zeit wird die Antwort kommen. Gehen Sie Blüte für Blüte durch mit einer einfachen Frage: „Brauche ich Dich? Braucht Dich meine Seele? Braucht Dich mein Körper?"

Die Blüten, bei denen die Antwort „Ja" ist, notieren Sie sich bzw. legen diese zur Seite. Nun, in der zweiten Runde, fragen Sie die „Ja"-Blüten ein zweites Mal, ob der Körper, die Seele, ob ich diese Blüte sehr brauche. Geben Sie die Anweisung: Wenn ich Dich sehr brauche, mache eine Rechtsdrehung!

An Hand der horizontalen Bewegung oder der Rechtsdrehung der Einhand-Rute kann ich eine Abstufung der Notwendigkeit feststellen, die ich mir notiere. In der 3. Runde frage ich die rechtsdrehenden Blüten, wie stark sie rechts drehen. Ich frage sie also, wie sehr ich sie brauche: „Zeige mir, wie sehr ich dich brauche."

Bei einer Essenz, die Sie ganz dringend brauchen, kann es sein, daß sich die Rute dermaßen bewegt, daß sie auseinanderzubrechen droht. Dies ist keine Seltenheit und ich habe schon oft erlebt, daß die Testperson die Rute losgelassen bzw. fallengelassen hat, weil die Schwingung so stark wurde, daß die ganze Hand in Bewegung kam. (An diesem Punkt steht der skeptischste und rationalste Zuschauer mit großem Staunen dabei und kommt um das Grübeln über dieses Phänomen nicht mehr herum.) Desgleichen können Sie mit den Abbildungen der Heilsteine machen. Nun haben Sie eine Abstufung nach Priorität. Nach der Erfahrung sollten es maximal fünf bis sechs Essenzen sein, auf die man gut anspricht. Manchmal sind es auch nur zwei oder drei, die dann das persönliche Problem abdecken.

Jetzt, wenn Sie genau wissen, was Sie brauchen, haben Sie drei Möglichkeiten, die gewünschte Mischung zu bekommen:

1. Sie kaufen sich die jeweiligen Vorratsflaschen beim Apotheker und mischen sich Ihre Essenz selbst.

2. Sie bestellen direkt in England beim Bach Centre, was gänzlich einfach ist und Sie erhalten, ohne den Zwischenhandel, die Bach-Blüten erheblich preiswerter. Hier ist zu überlegen, wenn Sie noch Freunde haben, die auch Bach-Blüten nehmen oder Ihre Kinder, Ihr Partner, ob Sie nicht den ganzen Blütensatz in England bestellen sollten. Sie erhalten von dort alle erforderlichen Unterlagen inclusive Preisen. Lassen Sie sich ein Bestellformular schicken (Order form). Sie erhalten eine Rechnung der bestellten Ware, die Sie dann per Postanweisung zahlen. Daraufhin werden Ihnen die Essenzen zugeschickt. (Adresse: The Dr. E. Bach Centre, Mount Vernon, Wallingford, Oxon, OX 10 OPZ , England)

3. Sie lassen sich Ihre Blütenessenz von einem Apotheker mischen, der sich mit Bachblüten beschäftigt.

Vom Wesen der Angst

Wildgänse

Wildgänse fliegen übers Land,
mit weiten, weichen Schwingen,
gleich einem langen Zauberband
und rauhem Gänsesingen.

Die Füchse tragen Winterkleid,
kein Blatt mehr an den Linden.
Für Heimatsucher wird es Zeit,
nun einen Platz zu finden.

Ganz tief in Dir ist immer Raum,
ist Heimat durch die Zeiten.
Grad wie im alten, alten Baum,
spürst Du die Ewigkeiten.

Ganz tief in Dir lebt alles Sein,
das Nahe und das Ferne.
Und niemals bist Du je allein:
Schau dort, Millionen Sterne.

Ganz tief in Dir bist immer Du,
auch die, die immer waren.
Drum schweige still und höre zu,
laß' Deine Ängste fahren.

Wildgänse fliegen übers Land,
mit weiten, weichen Schwingen,
gleich einem langen Zauberband
und rauhem Gänsesingen.

W. Häge

Am Anfang ist die Angst

Ich beziehe mich hier im wesentlichen auf die Ausführungen von Ludwig Janus in seinem Buch: „Wie die Seele entsteht" und Fritz Riemann: „Grundformen der Angst".

Alle Menschen teilen zwei gemeinsame Erfahrungen: die der vorgeburtlichen Welt und den Übertritt in die jetzige Welt. Die Mutter, die uns hoffentlich liebevoll wiegend an ihrer lebensspendenden Brust nährte, ist die erste, der wir mit immer wacher werdendem Bewußtsein begegneten. Die für uns heute gänzlich unbewußte Erfahrung von der Welt, die uns jedoch auch prägt, setzt die Grundsteine für ein Urverständnis der Welt, in der wir jetzt leben.

Die vorgeburtliche Welt und die Geburt werden in den letzten Jahrzehnten von der Wissenschaft immer mehr erforscht und es zeigen sich erstaunliche Erkenntnisse. Der Mensch ist so vielfältig angelegt, daß er schon zur Hälfte der Embryonalzeit geboren werden muß, sonst würde auch die Mutter die Geburt nicht überleben.

Jeder Mensch ist, so gesehen, nicht nur eine Frühgeburt, er ist eine „Halbgeburt". Er kommt sage und schreibe schon zur „Halbzeit" seiner normal notwendigen embryonalen Entwicklung zur Welt. Er kommt nicht nur körperlich unfertig hier an, er ist vor allem seelisch absolut nicht für diese Welt gerüstet. Nur eine hochstabile Beziehung zu der Mutter, das heißt ein gefühlsmäßig gesundes Mutter-Kind-Klima ist in der Lage, diese Defizite aufzufangen und auszugleichen. Durch die ungewöhnlich frühe Geburt ist der kleine Mensch in seinem Lebensanfang extrem störbar und sein Sicherheitsgefühl kann keinerlei Belastungen aushalten.

Jedenfalls, darin ist sich die Wissenschaft einig, beginnt das Leben des menschlichen Bewußtseins weit vor der Geburt. Das vorgeburtliche Kind erlebt und empfindet. Es bewegt sich, tastet die Nabelschnur ab, steckt die Finger in den Mund und vieles mehr: es fühlt. Und was fühlt es?

Es erlebt den seelischen Zustand seiner Mutter. Es erfühlt das Seelenleben und das Empfinden seiner Mutter und erfährt so in seinem ersten Daseinszustand, wie die Welt (seine Welt) ist. Schon im sechsten Schwangerschaftsmonat kann ein Embryo schreien, entwickelt Geschmack, hat Sehempfindungen, registriert Kälte und Schmerz und entwickelt panische Reaktionen gegen zu laute Geräusche. Auch der Puls ist dann erheblich erhöht.

Empfohlene Literatur: Riemann, Fritz: „Grundformen der Angst", E. Reinhardt-Verlag 1986. Janus, Ludwig: „Wie die Seele entsteht", Hoffmann u. Campe 1991.

Angst entsteht, verfestigt sich, erfüllt den heranwachsenden Menschen, wenn es im frühkindlichen Stadium zu Störungen kommt. Angst kann zur Triebfeder alles Fühlens, alles Handelns, alles Seins werden, in unendlich vielen Formen und Ausprägungen.

Angst, die mit dem Erwachen des Bewußtseins beginnt oder erwachendes Bewußtsein in Angst, die sich über Geburt und nachgeburtlichem Erleben fortsetzt, kann zur prägenden Kraft eines Lebens werden, ohne daß dies dem betreffenden Menschen auch nur im Ansatz bewußt ist.

Dies kann bis zu dem (schwer vorstellbaren) Phänomen führen, daß ein erfolgreicher, von Millionen Menschen bejubelter Mensch durch und durch von Angst geprägt ist – in seiner Seele ein Krüppel, in seinem Gefühlsleben erstorben.

Angst – Bestandteil unseres Bewußtseins

Angst, das ist unbestritten, gehört zum Leben des Erwachsenen dazu, sie ist ein Bestandteil des Lebens. Wer glaubt, keine Ängste zu haben, wiegt sich in einer großen Illusion. Schon allein das Wissen, daß wir eines Tages sterben müssen, macht sie unausweichlich.

Wir haben gelernt, ihr auszuweichen, sie zu hintergehen, sie wegzuschieben, sie zu verdrängen. Wenn wir stark genug sind, um Gegenkräfte zu entwickeln, welche die Kraft haben, der Angst „Schach" zu bieten, dann gehören wir zu der kleinen Gruppe der stabilen und seelisch gesunden Menschen.

Dies dürfen natürlich keine Verleugnungen sein (ich kann den Tod so lange leugnen oder gar verlachen wie ich will, er existiert trotzdem), sondern echte Gegenkräfte wie Mut und Vertrauen zu sich selbst. Außerdem eine Haltung zu allem Lebendigen, die man „Demut" nennen könnte, Achtsamkeit, Stärke, Kraft, Liebe, Erkenntnis über sich selbst, über das Lebendige, über die Erde, über das Universum.

Die Kraft, die aus mir selbst kommt und hinfließt zu allem, was mit mir lebt, was vor mir gelebt hat und nach mir leben wird, diese Kraft kann die Angst, die immer eine individuelle, persönliche Angst ist, auf ihren natürlichen Platz verweisen. Und diese Kraft scheint in der westlichen, technisierten Welt immer mehr abzunehmen.

Jeder Mensch hat seine persönlich strukturierte Angst, die mit seinen ureigenen Lebensbedingungen zu tun hat und jeder Mensch hat in langen Jahren Strategien entwickelt, diese Ängste in Schach zu halten. Die sichtbarste Form, gegen die Angst anzukämpfen, ist das, was in unseren westlichen Industriegesellschaften als das erstrebenswerteste Gut überhaupt angesehen wird: Geld. Und zwar nicht Geld als Notwendigkeit für ein würdiges Leben, sondern Geld im Überfluß. Geld als „Mehr-Wert", damit man mehr kaufen kann, als man braucht.

Diese scheinbare Problemlösung zerstört nicht nur diesen Planeten, sie ist auch absolut ungeeignet zur Angstbekämpfung. So ungeeignet wie hunderte von anderen Problemlösungsversuchen, nur eben dramatisch in der globalen Auswirkung.

Angst ist ein Warnsignal, ein Impuls, ein Gefahrenanzeiger, der in sich die Aufforderung enthält, die Ursache der Angst zu überwinden. Das Angstsignal setzt immer dort ein, wo wir einer Situation nicht gewachsen sind. Alles Neue, Unbekannte enthält Angst. Jeder Entwicklungsschritt, jeder neue Lebensabschnitt ist mit Angst besetzt: Geburt, Schulanfang, Pubertät, Berufsbeginn, Familie, Mutterschaft, Altern, Tod. Alle diese Ängste sind natürlicher Bestandteil unseres Lebens!

Riemann nennt nun vier Grundformen der Angst. Sie sind allesamt im System des Dr. Bach enthalten und können mit Bachblüten und den dazugehörigen Heilsteinen behandelt werden.

Grundformen der Angst
a) Herausfallen aus der Geborgenheit

Eine große Gruppe von Menschen hat die unterschwellige Angst, aus der Geborgenheit der Gemeinschaft herauszufallen, isoliert zu werden und somit einsam und allein dazustehen. Jeder von uns gehört bestimmten Gruppen an, in denen wir uns wohl und heimisch fühlen. Wir sind in dieser Gruppe ein Individuum, werden aber von ihr umschlossen.

Entwickeln wir aber unser „Ich-Sein", indem wir zum reifen, selbständigen Menschen werden, müssen wir uns immer mehr von der Gruppe entfernen. Wir erleben die Einsamkeit, die Angst. Je mehr wir von der Masse der Menschen „weggehen", desto einsamer werden wir und es ist zu fragen, wie weit wir diesen Prozeß des Selbst-Werdens gehen können, bis die Angst über uns kommt.

Wir können dies mit einer Pyramide vergleichen. Die Grundfläche ist eine breite, feste Basis von Menschen mit ähnlichen Merkmalen. Man ist hier vollkommen abgesichert (meint man). Je weiter ich nun nach oben steige, desto weniger sind um mich. Ganz oben stehe ich mutterseelenallein. Hier bin ich völlig aus der Sicherheit der Gruppe herausgetreten (nicht gefallen!). Je weiter ich nach oben gehe, desto stärker muß ich sein, denn die Angst rückt ebenfalls mit jedem Schritt näher.

Diese Angst, die als Herausfallen aus der Geborgenheit erlebt wird, wurde ja vor der ersten Stunde hier auf Erden tatsächlich erlebt. Und nicht nur die Angst vor dem Herausfallen: Es geschah tatsächlich! Jeder von uns fiel heraus, mußte herausfallen aus der Glückseligkeit, sonst wäre er ja nicht hier.

Die zweite Verschmelzung mit der Mutter nach der Geburt, der vertraute Kontakt, lieben zu können und bedingungslos geliebt zu werden, dies alles ist noch in uns gespeichert. Die Fähigkeit zu lieben ist sicherlich nicht verlorengegangen. Aber schon während der Kindheit muß die „Ich"-Werdung einsetzen, muß ich beginnen, die Pyramide nach oben zu klettern.

Aber was ist, wenn ich dieses Klettern als Angst erlebe, wenn ich die „Ich" - Werdung vermeiden möchte? Die praktikabelste Lösung ist die, sich einen Partner zu suchen, dem man sich hingeben kann. Man bindet sein Ich an eine andere Person. Die Devise ist: „Ich liebe Dich, weil ich Dich brauche." Wenn ich nun den Partner für meine eigene Stabilität so dringend brauche, mache ich ihn am besten von mir abhängig! Jede Lockerung der Nähe bedeutet Alleingelassenwerden, Verlassenwerden, Verzweiflung, Depression. Aus dieser Sicht ist so manches irreale Eifersuchtsdrama gut zu verstehen.

Die Angst, die als „Depression" bezeichnet wird und die man oft „grundlos" nennt, ist in der Regel immer Verlustangst, wobei der Verlust nicht zwingend ein Mensch sein muß. Es können Erinnerungen an vergangene Zeiten sein, an Plätze, an Orte, an eine Wohnung, die man besonders liebte und vieles mehr.

Es werden hier oft, aber das ist ein Wesen des Irrealen, „aus Dornen Rosen der Erinnerung". Medikamente helfen da natürlich in keiner Weise. Im Gegenteil:

Leicht rutscht man in die Medikamentenabhängigkeit und man hat anstatt Abhilfe ein weiteres Problem.

Ein wesentlicher Grundzug dieses Angst-Types ist das Hinnehmen, mangelndes Durchsetzungsvermögen, das Nachgeben. Wer sich weigert, voll und verantwortlich erwachsen zu werden, wird zum Objekt anderer oder des Lebens allgemein. Nun schafft dies seltsamerweise eine Bereitschaft, sich schuldig zu fühlen. Man zieht sich Schuhe an, mit denen man objektiv nichts zu tun hat, aber das Gefühl der eigenen Minderwertigkeit ist wohl der Motor dafür.

Nach außen kann dies alles in einem positiven Kleid erscheinen: Mitgefühl, Mitleid, Verständnisbereitschaft, Einfühlungsvermögen, Opferbereitschaft, alles Tugenden, die so mancher mit Stolz vor sich her trägt. Oder wird da aus der Not vielleicht eine Tugend gemacht? Ist die scheinbare moralische Überlegenheit allenfalls ein Trostpflaster für versäumtes Leben?

Die Ideologie von Friedfertigkeit, Gewaltfreiheit, von Demut und Bedürfnislosigkeit scheint eine Rettung vor quälenden Gefühlen der Angst zu sein. Daß solcherart depressive Menschen oft christlich-religiös sind, liegt auf der Hand, wird doch besonders dort (imaginäre) Schuld vergeben und die Hoffnung auf ein sinnvolles, befriedigendes Leben auf das Jenseits projiziert.

Auch die Sehnsucht, vom Leid erlöst zu werden (die Erde, ein Jammertal), kann besonders in den monotheistischen Religionen gestillt werden (wer hier erniedrigt wird, wird dort erhöht werden). Viele dieser Menschen sind in helfenden, heilenden und lehrenden Berufen zu finden, denn es ist ihr Bestreben, erst zu geben und dann zu nehmen (Mein Beruf ist Berufung). Der Mensch mit diesem depressiven Einschlag neigt auch dazu, Gebote und Verbote zu wörtlich zu nehmen. Wenn die Ausführung ihn überfordert, machen sich wieder Schuldgefühle auf den Weg. Überbesorgtheit und alle damit zusammenhängenden Beziehungsprobleme gehören hierher, ebenfalls Kinder nicht loslassen zu können, die man aus lauter Lebensangst ewig an sich binden möchte.

Der sich auf dieser depressiven Linie bewegende gesunde Mensch kann große Leistungen für seine Mitmenschen, ja für die ganze Menschheit bringen. Denken wir an Männer und Frauen in der Geschichte wie Albert Schweitzer oder Mutter Theresa, welche in ihrer Entsagung nicht die Welt bejammerten. Sie haben Zeichen gesetzt und direkt, vor Ort, mit dem Einsatz ihrer ganzen Person, dem leidenden Menschen geholfen.

b) Angst vor der Hingabe

Daß jeder von uns ein eigenständiger Mensch sein will mit unverwechselbarem Namen, sich unterscheidend von jedem anderen Menschen, ist selbstverständlich. Es gibt nun eine große Gruppe von Mitmenschen mit folgenden ähnlichen Angst-Merkmalen: Sie wollen so unabhängig wie möglich sein, auf niemanden angewiesen, niemandem verpflichtet. Wichtig ist die Distanz zum Mitmenschen, der Abstand, der ihn nur fernhält, damit er mir ja nicht zu nahe kommt. Nichts ist gefährlicher für mein Ich als das Eindringen eines anderen Menschen in meinen Lebensraum. Jeder ist eine Bedrohung und wird zurückgewiesen.

Die tiefe Angst (in der extremen Ausprägung) vor mitmenschlicher Nähe ist nicht zu übersehen. Es sind dies die kühlen, unpersönlich wirkenden, distanzierten Menschen, die vielleicht morgen schon den guten Kontakt von heute bereuen. Sie können nicht vertrauen: nicht dem Mitmenschen, nicht dem Leben. Manchmal trauen sie sich nicht einmal selbst. Sie haben ständig Angst, das eigene „Ich" zu verlieren, abhängig zu werden, Opfer von anderen Menschen zu werden, sich so sehr anpassen zu müssen, daß die eigene Person dabei verloren geht. In letzter Konsequenz werden diese Menschen feindliche Eigenbrödler, isolierte Wesen ohne Bindungsfähigkeit und Zugehörigkeit.

Da aber niemand ohne wie auch immer geartete Geborgenheit gesund leben kann, werden diese so stolzen und unnahbaren Menschen zu Bündeln der Angst, die unter der gut zugehaltenen Decke kocht.

Isolation macht feindlich. Durch Isolation wird Kontakt verloren. Ohne Wechselbeziehung mit der Umwelt geht die Orientierung verloren. Ohne Orientierung an seinen Mitmenschen entstehen Zweifel, ob die Wirklichkeit, die ich erlebe, die wirkliche Wirklichkeit ist, nämlich die Wirklichkeit „da draußen" oder nur eine eigene, selbstgeschaffene, innere Realität, mit wenig oder keinen Bezugspunkten nach außen. Was diesen Menschen (vermeintlich) hilft, in der Welt zurechtzukommen, ist der Verstand, die Logik. Da Gefühle trügerisch und gefährlich sind, geht der Verstand und das sogenannte rationale Handeln über alles.

Wer kennt sie nicht, diese emotional schwachen Menschen mit überdurchschnittlicher Intelligenz? Sind es nicht gar oft die Säulen unseres Staatswesens und unserer Industrie? Wenn Umsatz und Gewinnmaximierung die einzigen Ziele unseres Wirtschaftssystems sind, können dann die Führungskräfte überhaupt so etwas gebrauchen wie Gefühl, Menschlichkeit, Zuneigung, Nähe? „Schwierigkeiten im mitmenschlichen Kontakt" oder „Schwierigkeiten, Gefühle zu zeigen", könnte man diese Angst vor der wirklichen Nähe eines anderen Menschen nennen.

Die Intelligenz hat sich normal oder gar überdurchschnittlich entwickelt, die Seele ist unterentwickelt, als würden alle zum Leben notwendigen Gefühle in einem anderen Kanal laufen als der Verstand. So als wären dies zwei völlig getrennte Dinge, als hätten sie keine Verbindung zueinander.

Die Angst vor Nähe wird nun mit dem untauglichsten Mittel bekämpft, das es gibt: Man versucht, größtmöglichste Unabhängigkeit von den Mitmenschen zu erreichen. Man will sich mit Geld und Macht immer stärker machen. Durch die immer größere Distanz wird die Isolation immer größer. Je stärker die Isolation, desto stärker entwickelt sich die Angst und so geht dieser Teufelskreis weiter. Aber was wird nach außen hin aufgebaut? Materielle Werte, welche die anderen Menschen staunen lassen sollen. Ein Kartenhaus an Wohlstand oder gar Reichtum wird aufgebaut.

Was diese Menschen, wenn sie mächtig sind, so gefährlich macht, ist dies, daß sie zerstören. Daß sie sich selbst zerstören, das ginge noch an, aber sie zerstören in vielfältiger Weise das Leben überhaupt, unsere Lebensgrundlagen, unsere Erde.

Wer zum Beispiel kein Gefühl für das Lebewesen „Tier" hat, dem entwickeln sich weder Gewissensbisse noch sonst geartete Schuldgefühle, wenn dieses gequält oder vernichtet wird. Wer kein Gefühl für das Lebewesen „Baum" entwickeln kann, weil er ja nicht einmal welches für sich selbst hat, dem ist das Waldsterben eben gleichgültig. Viel wichtiger sind da die Umsatzzahlen vom letzten Quartal! Und Technologie ist allemal interessanter als das Blühen einer Blume oder das Rauschen eines Baches.

Es sind dies die „Entzauberer", die „Entmystifizierer", die den spöttischen Blick bekommen, wenn es um Glauben, um Religion, um Philosophie geht. Auf den Punkt gebracht könnte dies so heißen: „Alles ist erklärbar. Was nicht erklärbar ist, das gibt es nicht." Der Beruf an sich ist diesen Menschen sekundär. Er ist das Vehikel, das man benutzt, um Geld zu verdienen. Ob mit Salzheringen oder Flugzeugteilen, dies ist nun wirklich gleich, denn wichtig ist das Ergebnis in Geld. Mit dem Altern kommen solche Menschen besser zurecht als andere, denn sie sind es gewohnt, allein und isoliert zu sein.

Dem zuerst beschriebenen Typen mit Ich-Schwäche graust es natürlich vor solch einer Lebensführung. Kaum einer kann sich da wohl vorstellen, einen Tausch einzugehen. Aber die möglichen positiven Seiten dürfen nicht unter den Tisch gekehrt werden: Diese Menschen können tief verwurzelte, ungesunde Strukturen einreißen, Veränderungen auslösen und überragende Leistungen erbringen. Selbständigkeit, Mut, Unabhängigkeit, Angstfreiheit gegenüber Autoritäten, unterstützt von überdurchschnittlicher Intelligenz sind unschätzbare Eigenschaften, wenn sie positiv eingesetzt werden können.

Wer keine Vorgaben, keine Dogmen, keine irrealen Glaubenssätze, keine einengenden Traditionen braucht, kann unglaublich frei und stark sein. Wer eine eigene, echte, fundierte Überzeugung hat und den Mut, sie auch gegen herrschende Meinungen vorzutragen, kann andere mitreißen und so dazu beitragen, Fassaden einzureißen und Veränderungen in Gang zu setzen.

Wenn es diesen Menschen gelingt, sich etwas zu öffnen, auf den anderen Menschen zuzugehen, etwas von sich selbst hinzugeben, dann können sich (auch wenn es im Kleinen ist) große Dinge bewegen. Das Zuwenden zum Anderen ist der einzige Weg aus der Isolation.

c) Angst vor der Vergänglichkeit

Die dritte große Gruppe der Mitmenschen wird geprägt durch die Angst vor der Vergänglichkeit.

Wir sind geboren worden und haben uns in der folgenden Zeit nach Kindheit und Jugend häuslich eingerichtet. Das können wir in der Regel ruhig wörtlich nehmen. Wir haben nicht nur Beziehungen aufgebaut, ein wie auch immer geartetes Gleichgewicht geschaffen, wir gründen unser Dasein auf diesem Planeten Erde, als ob die Zielsetzungen ewig weitergingen, als ob das Hiersein unbegrenzt wäre, als ob es eine statische Welt gäbe, als ob die Zukunft voraussehbar sei, als ob wir mit irgendetwas rechnen können, das bleibend wäre.

Mit dem Wissen um die Vergänglichkeit, das uns Menschen eigen ist, kommt die Angst. „Niemand kann zweimal in den gleichen Fluß steigen" ist ein weiser Ausspruch. Nicht nur der Fluß ist beim zweiten Mal ein anderer, auch ich selbst in meiner zellulären Zusammensetzung bin nicht mehr der gleiche.

Nehmen Sie ein Bild von sich aus Ihrer Kindheit. Sollte es älter sein als sieben Jahre, so sagen die Biologen, haben Sie mit diesem Menschen, rein mechanistisch gesehen, überhaupt nichts mehr zu tun, denn nach jeweils sieben Jahren ist eine komplette Zellerneuerung abgeschlossen.

Jede Sekunde unseres Lebens stirbt ein Teil von uns (Etwa 10 Millionen Zellen je Sekunde) und wird nach seinem Tod neu erschaffen. Ohne daß wir etwas dazutun, ohne daß wir etwas veranlassen, ohne daß wir etwas davon spüren, ohne daß wir etwas davon wissen. Was bleibt, ist das Bewußtsein. Bleibt es das gleiche? Das Identitäts-Gefühl hilft mit, so zu leben, als hätten wir unbegrenzt Zeit. Der irrige Glaube an Stabilität und Dauer schafft eine illusionäre Ewigkeit. Vielleicht ist das Bewußtsein ewig oder die Bewußtseins-Energie, aber das ist ein anderes Thema.

Beständigkeit, Verläßlichkeit, Dauer und Sicherheit ermöglichen Vertrauen, Liebe und Hoffnung. Die Entwicklung jeder Persönlichkeit wird nachhaltig gestört, wenn früh Bezugspersonen wechseln, wegfallen oder sich als feindlich (gleichgültig) herausstellen. Irgendwann in der Reifezeit entdeckt der Mensch, daß es diese notwendige Grundlage für ein gesundes, glückliches Dasein nicht mehr gibt. Mit dem Heraustreten aus der Kindheit beginnt das „In-die-Welt-geworfensein" mit gänzlich neuen Orientierungen.

Nicht, daß die alte Sicherheit über Bord geworfen werden müßte, beileibe nicht! Sie muß dringend bewahrt werden, am besten ein langes Leben lang. Aber auf ihr aufbauend, mit ihr als Grundstock, reift die Ahnung, daß alles gänzlich anders ist. Obwohl die Sehnsucht nach Unverlierbarkeit, sei es nach einem Ding, nach einem Ort oder Platz, sei es nach einem Menschen, zu unserem Wesen als Mensch gehört, dämmert die Gewißheit, daß diese Sehnsucht niemals in Erfüllung gehen kann.

Die menschliche Illusion vom „ewigen Leben", von Dauer, schlägt sich in allen religiösen Vorstellungen nieder, sei es als Himmel, als „Nirwana", sei es als Wiedergeburt. Wenn uns der Tod eines geliebten Menschen oder eines Idoles trifft, dann spüren wir vielleicht jenen furchtbaren Schlag der Endlichkeit, jenes lähmende Entsetzen, welches das eigene Illusionsgebäude einreißt und uns schauern läßt: Nichts bleibt, wie es war. Ähnlich kann es sein, wenn sich ein geliebter Mensch plötzlich und ohne Vorwarnung von uns trennt. Die Erschütterung kann gewaltig sein!

Nicht umsonst schicken wir den Tod außer Haus in die eiskalten weißen Zimmer von Sterbehäusern. Wir wissen um seine unumgängliche Tätigkeit und zögern sein Eingreifen noch hinaus, indem wir unsere Zuständigkeit für Vater und Mutter, für Großvater und Großmutter abgeben.

Wer die Vergänglichkeit des Lebens für sich nicht zulassen kann, den befällt Angst. Um diese zu vermeiden, muß ich mich (scheinbar) vor dieser Vergänglichkeit schützen. Je größer die Angst, desto größer muß der Schutzwall werden; je größer dieser wird, desto größer wird die Angst.

Wir sehen auch hier wieder denselben Angstkreis, nur unter anderen Vorzeichen. Wie verhält sich nun der Mensch, der für sich die Vergänglichkeit ausblenden, nicht zur Kenntnis nehmen will?

Am weitesten verbreitet ist das Verhalten, nichts, was einmal besteht, zu verändern und immer das Gleiche zu suchen. Veränderung macht unruhig, ängstigt, also bleibt alles beim Alten: die Wohnung, die Einrichtung, die Art Urlaub zu machen, die Art den Abend oder den Sonntag zu verbringen und was es da noch an eingefahrenen Gewohnheiten so gibt. Veränderungen werden unterbunden, weil man für das Bestehende so gute Argumente parat hat.

Sachargumente werden geschickt vor das eigentliche Motiv geschoben. Sachargumente, die sich gut nach außen vertreten lassen. Sachzwänge werden schon von vorneherein so organisiert, so eigengesteuert, daß der Schluß sozusagen zwingend ausfällt, als ob es eine Außensteuerung gäbe, der man sich dann (achselzuckend, bedauernd, mißmutig?) unterwerfen muß. Auch an einmal getroffenen Entscheidungen, an einmal aufgestellten Grundsätzen, an der Einstellung zu einer Sache, zu einem Menschen oder zu der Vorstellung von der Welt, muß man eisern festhalten. „Prinzipien" nennt man das dann, „unumstößliche Lebensregeln" oder gar „ewige Gesetze".

Kommt man nun an Neuem nicht vorbei, dann tritt ein psychischer „Biegemechanismus" in Kraft. Man deutet das Neue zum Altbewährten hin, man gleicht an. Man „verähnlicht" die miteinander unvereinbarsten Dinge bis hin zur Lächerlichkeit, was natürlich von Außenstehenden (wenn sie nahe genug herankommen) wahrgenommen wird.

Der „Außenstehende" ist oft das eigene Kind, das in seiner Reifezeit fassungslos vor der elterlichen Zwangskonstruktion steht und nichts von der Angst der Eltern weiß, welche dieses Scheingebäude errichtet hat. Hier ist auch die Quelle unserer Vorurteile angesiedelt. Eine Sache ist, wie das Wort schon sagt, beurteilt, bevor sie zur Sprache kommt. Eine einmal festgelegte Lebensordnung muß gegen einen Ansturm jeglicher Art gerettet werden! Kein Risiko darf eingegangen werden. Hinter jedem Tun und Handeln, das sich nicht auf bekanntem Pfad bewegt, steht die geheime Motivation: bremsen, hemmen, verschieben und abwehren mit dem einen Ziel: verhindern.

Die Sicherheit steht über allem. Der Antrieb ist die Angst vor der Vergänglichkeit: Etwas, das ich besitze, könnte plötzlich nicht mehr da sein, etwas, das ich denke und glaube, könnte sich plötzlich als falsch erweisen. Ändere ich eine Verhaltensweise, dann war die vorige falsch. Das kann nicht sein und wird nicht sein! Hinter jedem Dogma, hinter jeder erstarrten Lebensregel, sei sie religiös, politisch oder sonstwie motiviert, steht die Angst vor der Veränderung, die Angst vor der Vergänglichkeit, die Angst vor dem Tod.

Man nennt diese Menschen auch deshalb „zwanghaft", weil sie alles um sich ihrem Willen unterordnen wollen. Allem Lebendigen, über das sie Macht haben, zwingen sie ihre Norm auf.

Hier kann nichts leicht oder gar locker genommen werden. Hier kann man nicht einmal fünfe gerade sein lassen. Um Gottes Willen! Da bricht ja die Weltordnung zusammen! Wenn ich nicht alle und alles kontrolliere, wenn ich nur ein wenig locker lasse, dann bricht das totale Chaos aus.

Wenn wir stark ausgeprägte Gewohnheiten haben und – wenn diese gestört werden, wir uns stark erregen können, dann kann in uns schon ein Anteil dieses Types sein. Wenn wir zu jenen gehören, bei denen ein „ja" ein „ja" bleibt und ein „nein" ein „nein", komme was da wolle und koste es was es wolle, wenn wir an unsere Kinder Anweisungen ohne Begründung geben, wenn Verzeihung nur schwer zu erlangen ist, wenn eine „Schuld" des Partners oder des Kindes lange nicht vergessen wird, dann hat man gewisse Anteile dieses zwanghaften Typus in sich.

Im Alter tut sich dieser Mensch besonders schwer, denn er will seine Position um jeden Preis in der Welt festhalten, auch wenn die Veränderung des Lebens dies nicht mehr gestattet. Da er nicht loslassen kann, wird das Alter oft zur furchtbaren Qual, insbesondere dann auch für die Angehörigen.

Ich selbst habe den Todeskampf eines solchen vollkommen verbitterten, haßerfüllten Menschen erlebt, dem nur noch Schmähungen über das Leben aus dem Mund kamen. Einen Todeskampf, der Tage und Nächte dauerte, denn bis zum letzten Atemzug wollte er auch den besiegen, der immer neben uns allen steht, um uns irgendwann auf die Schulter zu tippen: den Tod.

Ist nun bei einem gesunden Menschen dieser Anteil nur in schwacher Form vorhanden, kann dies ein Mensch von Format sein: stabil, belastungsfähig, ausdauernd, pflichtbewußt, fleißig, zielstrebig, planvoll. Gerade das Verantwortungsbewußtsein zeigt sich stark ausgeprägt. Zuverlässigkeit, Korrektheit und Solidarität sind da keine Floskeln.

Es ist der bewahrende Mensch, der eine Sache oder eine Idee, die er einmal als gut erachtet, nicht sogleich verwirft. Das Alte, das Bewährte wird nicht sofort ersetzt, wenn eine neue Mode aufkommt. Es sind dies die konservativen Menschen im Sinne des Bewahrens, denn es ist weiß Gott nicht etwas besser, nur weil es neu ist. Und warum soll man nicht das bewahren, was sich bewährt hat?

Was wir alle immer wieder neu lernen müssen, ist das Annehmen der Vergänglichkeit. Das Lied, welches der Volkssänger Hannes Wader populär gemacht hat, können wir dann vielleicht, ohne ein schweres Herz zu bekommen, mitsummen. Der Refrain lautet: „So vergeht Jahr um Jahr und mir ist schon längst klar, daß nichts bleibt, daß nichts bleibt wie es war."

d) Angst vor dem Endgültigen

Die vierte Grundform der Angst ist genau durch das Gegenteil der eben beschriebenen gekennzeichnet. Es ist die Angst vor dem Endgültigen, dem Unausweichlichen, die Angst, die Freiheit zu verlieren und eingeengt zu werden. Regeln, Gesetze, Gewohnheiten, alles was festgefügt und statisch ist, was festzuhalten droht, was einengt und begrenzt, alles was das bedroht, was dieser Typ unter „Freiheit" versteht, macht Angst.

Es ist die Angst vor Erstarrung, vor der Endgültigkeit. Zum letzten Typus mit seiner Angst vor der Vergänglichkeit ist dieser wie das Feuer zum Wasser, wie der Berggipfel zur Erdhöhle. Treffen beide in ihrer ausgeprägten Form aufeinander, ist absolute Verständnislosigkeit angesagt. Wehe dem Mitarbeiter, dessen entscheidungsbefugter Vorgesetzter dem Gegentyp entspricht!

Die Angst, die Freiheit zu verlieren und durch Ordnungen oder Regeln eingeengt zu werden, ist bei diesem Typen riesengroß. Darum ist ständige Veränderung angesagt. Alles Neue wird bejaht, Risiko wird eingegangen und die ungewisse Zukunft ist die große Chance. Nichts ist verbindlich, nichts ist verpflichtend und einmal ist sowieso keinmal. Alles ist relativ, genieße das Leben, nutze die Gelegenheit. Es lebe der Augenblick und das Abenteuer. Neue Reize braucht der Mensch!

Spielregeln, die notwendigerweise zum Leben dazugehören, legt man recht weit aus und Vorschriften sind sowieso nur dazu da, daß man sie möglichst umgeht. Das „Hintertürchen" wird groß geschrieben, vor unausweichlichen Konsequenzen muß man auf der Hut sein.

Die tatsächliche biologische Welt paßt da natürlich in keiner Weise. Also braucht man die Realität nicht zur Kenntnis nehmen. Die Welt der Tatsachen ist zu ignorieren, soweit dies nun einmal möglich ist. Man schneidert sich seine eigenen Realitätskleider selbst und baut sich seine eigene Brille, welche die Welt so zeigt, wie ich sie mir wünsche. Es wird bagatellisiert, relativiert, ausgewichen, weggesehen, um die Freiheit zu erlangen, die eine absolute Scheinfreiheit ist. Denn was ist eine Freiheit wert, die auf Illusionen aufbaut und die die Phantasie zur Realität erklärt.

Charakteristisch ist hier, daß Spannung schlecht ausgehalten wird. Bedürfnisbefriedigung jetzt, sofort, ohne Verzögerung. Eine zielgerichtete Lebensplanung ist in der extremen Ausprägung nicht möglich. Wenn man so lebt, muß man natürlich jung und fit bleiben, Biologie hin oder her. Verantwortung schafft Unbehagen, also bleibe ich ein Kind, zumindest jugendlich. Das Altern wird mit allen verfügbaren Mitteln ausgeblendet. Die Chemie und die plastische Chirurgie können da eine gewisse Zeit mithelfen.

Die Unverbindlichkeit durchzieht das ganze Leben, sei es Ethik oder Moral (wer weiß schon, was gut und was böse ist?), sei es Logik (wer will schon wissen, was richtig und falsch ist?), sei es die Sprache, die alles in sein Gegenteil verkehren kann (Worte sind Schall und Rauch.)

Und wo bleibt die Angst? Welches Schlupfloch sucht sie sich, um sichtbar zu werden? Sie kommt auf Umwegen und mit vielen Gesichtern: Platzangst in Räumen oder Fahrstühlen, Eisenbahnabteilen usw., Tierängste aller Art, Brückenangst und viele irreale Ängste mehr. Hier findet eine Angstverschiebung statt, hin zu völlig harmlosen Dingen.

Wird man einmal in die Verbindlichkeit, in die Enge getrieben, ist man geschickt im Verdrehen. Die Schuld trägt natürlich irgendwas oder irgendjemand, nur nicht ich selbst. Jede Kritik wird zur Gegenkritik, jeder Vorwurf zum Gegenvorwurf. Die wildesten Konstruktionen müssen zur Entlastung herhalten. Zuletzt glaubt man selbst fest daran, so daß die verwobenen Hilfskonstruktionen sich zu einer einzigen großen Lebenslüge verdichten. Gelingt es nicht, alle „Feinde" abzuwehren und nimmt die Bedrohung durch Einengung immer mehr zu, kann eine Krankheit zum rettenden Ausweg werden.

Die Frage nach der Echtheit des eigenen Lebens muß gestellt werden und die, ob ich mein „Ich" mit den Rollen verwechsle, die ich zu spielen gewohnt bin. Schein ist sehr wichtig. Und wenn keine „Feinde" da sind, müssen welche erfunden werden, um von sich abzulenken. Oft ist die Fassade sehr schwer zu erkennen, besonders bei nur näherer Bekanntschaft, denn vordergründig sieht alles sehr positiv aus: Weltoffen, dynamisch, liebenswert, gastfreundlich, irgendwie anziehend und liberal.

Da immer das Neue auch das Fortschrittliche ist, scheinen diese Menschen auch geistig die Nase vorn zu haben. „Umbruch", „Aufbruch", „Neuanfang", „Zöpfe ab" heißen die Parolen, die man auch politisch durchsetzen will. Diese Mitmenschen sind auch oft begabte Redner, die es verstehen, die träge Masse mitzureißen, eben Führernaturen. Es können aber auch die Verführer sein und es sind gewiß diejenigen, die nach einer Niederlage schnell wieder auf die Füße fallen.

Viele Würdenträger spielen gerne diese Rolle, allerdings diejenigen unter ihnen, die nach Publikum streben, nach staunenden, gläubigen Zuhörern. Es kommt ja nicht auf die vertretene Sache an, sondern auf den Glanz, der auf das Haupt dieses Rollenspielers fällt. Überhaupt sind sie vorwiegend in Berufen zu finden, welche die große, weite Welt wiederspiegeln: als Geschäftsführer in Schmuckläden, als Kur- oder Hoteldirektoren, als Mannequins, als Raubtierbändiger, überall dort, wo die Leistungen abhängig sind von der Erscheinung, der Imagination dessen, der diese Leistung vollbringt.

Da der Tod ganz und gar nicht akzeptiert werden kann, wird das Altern dieser Menschen zur Qual. Die Illusion ewiger Jugend wird mit allen Mitteln verteidigt. Dazu gehört als alternder Mann zur Pflicht, so man das nötige Kleingeld aufzuweisen hat, sich eine junge Frau zuzulegen. Ihre Jugend kann man dann auf sich projizieren, und weiter geht es dann „in alter Frische".

Die Linie dieses Types geht vom lebendig-impulsiven Menschen mit starkem Geltungsdrang über den rollenspielenden Realitätsflüchtling bis hin zum seelisch kranken Hysteriker. Der gesunde Mensch mit nur wenigen dieser Anteile ist eine positive, aus der Masse herausragende Persönlichkeit: dem Neuen zugewandt, unternehmungslustig, freundlich mit dem Mut zum Risiko, lebendig. Bei ihm ist „was los"! Er steht dem Leben positiv gegenüber, ist aktiv und erhält so auch die Chancen, auf die andere Menschen ein Leben lang vergeblich warten. Er bringt eingerostete Strukturen in Bewegung, rüttelt an Tabus und verknöcherten Traditionen und hat einen bewußten, aber liebenswerten Charme. Sein Sinn des Lebens liegt darin, sich dem Leben anzuvertrauen, immer im Fluß zu sein und alles Lebendige zu lieben.

Und wo stehe ich?

Vollkommenheit ist nicht erreichbar. Irgendwo zwischen diesen Formen der Angst stecken wir alle mit unseren Wünschen, unseren Hoffnungen, unseren Sehnsüchten. Jeder sucht seine Ergänzung. Jeder möchte geachtet werden und lieben können. Jeder möchte seine Angst überwinden. Überwinden aber kann man nur, was man als existent erkannt hat. Und nur mit diesem kann man sich auseinandersetzen.

Bachblüten und Heilsteine sind lediglich Hilfsmittel in dieser Auseinandersetzung. Die Natur, die Pflanzen und die Steine können mitwirken, daß die Angst geht und daß das wieder kommt, was vielleicht nur verschüttet war: Vertrauen, Hoffnung, Liebe, Mut, Einsicht, Freude und Glück.

Bestandsaufnahmen

Ein Bestand ist etwas, das man hat, und das man besitzt. Meine gesamten Verhaltensweisen sind nun ein Bestand , aus dem ich schöpfe. Bei Aktionen oder Reaktionen suche ich mir aus meinem Repertoire das heraus, was mir geeignet erscheint. Diesen Grundstock, der jederzeit verfügbar ist, gilt es zu durchforsten. Die Fragestellung ist: „Was trifft auf mich zu?"

Ich empfehle, die zutreffenden Antworten zunächst zu sammeln , um sie dann in Ruhe anzuschauen. Ich halte dies für einen guten Weg, um mir selbst auf die Schliche zu kommen. Wir wissen alle, daß Einsichten schmerzhaft sein können, weshalb wir sie oft tunlichst vermeiden. Wir müssen das Gegenteil tun: Den Finger auf den Schmerz legen, ihn und seine Ursache erkennen und durch Veränderung Abhilfe schaffen.

Die Bachblüten-
therapie –
eine Therapie
gegen die Angst

Selbstdiagnose

Haben Sie Schwierigkeiten, anhand der vorher aufgeführten Testmethoden die für Sie passenden Bachblüten herauszufinden, so gibt es noch die Möglichkeit, mittels der nachfolgenden Fragebögen die passende Blüte und den passenden Stein zu bestimmen.

Wir müssen feststellen, in welche der fünf nachfolgenden großen Gruppen wir gehören. (Bach hatte sieben Gruppen. Die Zuordnungen sind dort oft so nahe beisammen, daß ich daraus fünf Gruppen gemacht habe, ohne die Bach'schen Inhalte zu verändern.)

Die Gruppen eins, zwei und vier konnte ich noch einmal sinnvoll differenzieren. So ergeben sich nach meiner Systematik diese fünf Seinszustände, gegen die wir mit den entsprechenden Bachblüten und Heilsteinen angehen.

Gruppe 1: Angst
a) tiefe Angst b) Ängstlichkeit

Gruppe 2: Egozentrik
a) Intoleranz b) negatives Sozialverhalten

Gruppe 3: Ich-Schwäche

Gruppe 4: Realitätsprobleme
a) Depressionen b) Verdrängung

Gruppe 5: Streß, starke Anspannung

Natürlich müssen Sie mit Ihrer Problematik nicht definitiv in einer Gruppe stecken. Mischungen sind jederzeit möglich. Die Richtung jedoch wird zu einer der fünf großen Gruppen hin gehen, nämlich zu der Gruppe, bei der Sie die meisten Kreuze machen konnten. Sie sollten einen Bleistift verwenden, falls Sie oder Ihr Partner/Ihre Freunde den Test ebenfalls machen wollen. Außerdem ist es wichtig, daß Sie spontan ankreuzen, also eher aus dem Bauch heraus statt mit dem Kopf.

Jedes psychische Problem zeigt auf, daß dieses Ich, diese Person mit der Realität, in der sie lebt und von der sie ein Teil ist, nicht zurechtkommt. In Tausende von Möglichkeiten könnte man diese „Defekte" aufteilen. Man könnte sie in noch so kleine Einheiten zerhacken und immer käme, in welcher Form auch immer, ein Stück Angst hervor.

Selbstdiagnose

Bestandsaufnahme 1:
Angst

a) tiefe Angst b) Ängstlichkeit

- ❏ Habe ich Alpträume?
- ❏ Habe ich Angst, krank zu werden?
- ❏ Überfallen mich Vorahnungen?
- ❏ Habe ich als Kind etwas Schreckliches erlebt, das ich nicht mehr genau weiß, nicht mehr wissen will?
- ❏ Wann kommt die Angst, die ich nicht benennen kann?
- ❏ Stehe ich unter starkem Druck?
- ❏ Habe ich Angst, etwas Schreckliches zu tun, könnte ich jemanden umbringen?
- ❏ Habe ich Angst vor meinen jähzornigen oder meinen hysterischen Anfällen?
- ❏ Habe ich Angst zu platzen, Angst vor einem Nervenzusammenbruch?
- ❏ Habe ich Angst vor dem Tod?
- ❏ Angst vor Menschen, vor dem Arzt, vor bestimmten Menschen, vor Menschenmengen?
- ❏ Habe ich Angst vor Mäusen, Insekten, Kriechtieren?
- ❏ Habe ich ständige Angst um andere Menschen, schreckliche Angst um meinen Partner, meine Kinder, meine Freunde?
- ❏ Habe ich Angst, den Verstand zu verlieren?
- ❏ Bekomme ich regelrechte Angst-Anfälle?
- ❏ Ängstigen mich meine negativen Gedanken, die ständig in meinem Kopfe kreisen?
- ❏ Habe ich Angst loszulassen?
- ❏ Will ich immer alles festhalten, weil ich Angst habe, es zu verlieren? Habe ich Angst, daß ich nicht mehr über meinen Partner, über meine Kinder verfügen kann?
- ❏ Habe ich Angst, daß andere nicht mehr tun, was ich von ihnen fordere?
- ❏ Habe ich Angst wegen finanzieller, wegen beruflicher Probleme?
- ❏ Habe ich Angst, eine Beziehung einzugehen, Angst davor, daß diese Beziehung zuviel von mir fordert, Angst, vom Partner „unterdrückt" zu werden?
- ❏ Habe ich Angst vor der Feststellung, daß mich keiner mag?

Bestandsaufnahme 2:
Egozentrik

a) Intoleranz b) negatives Sozialverhalten

- ❏ Bin ich aufopfernd, überfürsorglich, besitzergreifend?
- ❏ Will ich meinem Partner, meinen Kindern alles abnehmen?
- ❏ Bin ich eifersüchtig?
- ❏ Bemitleide ich mich selbst?
- ❏ Dreht sich alles um mich, bin ich der Mittelpunkt?
- ❏ Brauche ich andauernd Publikum?
- ❏ Brauche ich Zuhörer?
- ❏ Rede ich gerne und viel?
- ❏ Bin ich oft krank?
- ❏ Teile ich meinem Umfeld ständig meine Krankheiten mit?
- ❏ Habe ich an anderen Menschen ständig etwas auszusetzen?
- ❏ Kritisiere ich dauernd meinen Partner, meine Freunde und Bekannten?
- ❏ Weiß ich sowieso auf Grund meiner Sachkenntnis und meiner Erfahrung alles besser?
- ❏ Muß ich ständig über andere lästern oder lächeln?
- ❏ Fälle ich unumstößliche Urteile über Andersdenkende?
- ❏ Bin ich mißtrauisch gegenüber Menschen mit anderer Religion, mit anderen Auffassungen, mit anderem Lebensstil?
- ❏ Bin ich pedantisch?
- ❏ Halte ich auf dauernde Ordnung, auch in kleinen Dingen?
- ❏ Bin ich ein Spötter?
- ❏ Kann ich gut sticheln und so die Probleme Anderer bloßlegen?
- ❏ Gibt es für mich keine Niederlage?
- ❏ Bin ich rechthaberisch?
- ❏ Bin ich streng gegenüber meinen Mitmenschen?
- ❏ Denke ich oft, daß ich gerecht handle?
- ❏ Dulde ich Widerspruch?
- ❏ Fühle ich mich oft überlegen und zweifle nicht an meiner Überlegenheit?
- ❏ Lasse ich andere Menschen ungern oder garnicht an mich heran?

Selbstdiagnose

- ❏ Brauche ich die Distanz zu anderen Menschen?
- ❏ Mag ich andere Menschen?
- ❏ Sind mir die anderen Menschen überhaupt gewachsen?
- ❏ Sind sie nicht alle viel zu langsam für mich?
- ❏ Arbeite ich nicht am Besten ganz alleine?
- ❏ Bin ich jähzornig, cholerisch, unbeherrscht?
- ❏ Neige ich zu Wutausbrüchen, weil sich andere unmöglich verhalten?
- ❏ Wollen mich die anderen dauernd hintergehen?
- ❏ Muß ich aufpassen, daß mich die anderen Menschen nicht ausnutzen?
- ❏ Verdächtige ich bestimmte Menschen, daß sie hinter meinem Rücken Pläne gegen mich schmieden?
- ❏ Habe ich unumstößliche Lebensprinzipien, hohe Ideale und klare, gefestigte Moralvorstellungen, auf die ich stolz bin und die ich jederzeit vertreten kann?
- ❏ Übe ich Selbstdisziplin?
- ❏ Sehe ich, daß die Welt äußerst ungerecht ist und daß alles Gerede von Glück und Freude nur Illusionen der Unwissenden sind?
- ❏ Weiß ich um das Negative des Lebens und daß letztendlich immer die Enttäuschung siegt?

Bestandsaufnahme 3:
Ich-Schwäche

- ❏ Habe ich eine negative Meinung von mir?
- ❏ Bewundere ich andere Menschen?
- ❏ Erwarte ich den Mißerfolg?
- ❏ Bin ich in vielen Situationen schüchtern?
- ❏ Kann ich schlecht jemanden überzeugen?
- ❏ Habe ich Probleme dabei, eine begonnene Sache zu Ende zu führen?
- ❏ Bin ich oft in Gefahr, mich zu verzetteln?
- ❏ Lasse ich mich nicht gerne festlegen?
- ❏ Habe ich schon oft etwas begonnen und nicht weitergeführt?
- ❏ Lege ich mich in privaten Beziehungen nicht gerne fest?
- ❏ Gebe ich viel auf die Urteile anderer?
- ❏ Lasse ich mich gerne überzeugen?

- Bin ich leicht zu beeinflussen?
- Habe ich einen starken, vielleicht übermächtigen Partner?
- Bin ich nachgiebig?
- Behaupten andere, man könne sich nicht auf mich verlassen?
- Bin ich unentschlossen?
- Drückt mich manchmal, daß ich mich nicht für eine Sache entscheiden kann?
- Habe ich Konzentrationsprobleme?
- Bin ich sprunghaft?
- Erledige ich manchmal mehrere Dinge gleichzeitig?
- Bin ich zappelig, hektisch?
- Haben mich andere schon „Chaot" genannt, weil ich so schusselig bin?
- Gehe ich gerne auf „Nummer sicher"?
- Bin ich schüchtern, übervorsichtig und gehemmt?
- Kann ich mich zu den ängstlichen Naturen zählen?
- Knüpfe ich schwer Kontakte und bin menschenscheu?
- Habe ich Probleme beim Durchsetzen eigener Vorstellungen?
- Warte ich darauf, daß alles daneben geht?
- Rechne ich grundsätzlich mit dem Schlimmsten, denn dann kann mich nichts enttäuschen?
- Gebe ich bei Schwierigkeiten leicht auf?
- Bin ich oft krank und erleide Rückfälle?
- Neige ich zur Traurigleit, zur Melancholie, zur Depression?
- Habe ich das Gefühl, daß ich den Mißerfolg anziehe?
- Hatte ich schon oft unerfreuliche Situationen mit anderen Menschen?
- Scheue ich mich davor, ein Risiko einzugehen? Suche ich die Schuld stets bei mir selbst?
- Werde ich von Schuldgefühlen geplagt?
- Denke ich oft, nicht richtig gehandelt zu haben?
- Fühle ich mich anderen Menschen verpflichtet und weiß eigentlich nicht warum?
- Habe ich manchmal den Eindruck, ausgenutzt zu werden?
- Bin ich ein sehr religiöser Mensch im christlichen Sinne?
- Versuche ich mich an bestimmte religiöse Vorschriften zu halten?
- Habe ich starke Moralvorstellungen im Sinne von „richtig" und „falsch" und versuche ich mich daran zu halten?

Selbstdiagnose

- ❑ Nehme ich zu stark Rücksicht auf Andere?
- ❑ Könnte mein Selbstwertgefühl nicht größer sein?
- ❑ Gebe ich mich manchmal selbst auf?
- ❑ Bin ich von einem anderen Menschen abhängig?
- ❑ Habe ich die Hoffnung aufgegeben, jemals wieder etwas zu verändern? Ist das Leben für mich sinnlos geworden?
- ❑ Denke ich manchmal an Selbstmord?

Bestandsaufnahme 4:
Realitätsprobleme

a) Depression b) Verdrängung

- ❑ Fühle ich mich total überfordert?
- ❑ Bin ich an den Grenzen der Belastbarkeit angekommen?
- ❑ Mute ich mir mehr zu, als ich bewältigen kann?
- ❑ Bin ich zu gutmütig und zu nachgiebig?
- ❑ Will ich es anderen immer recht machen?
- ❑ Habe ich manchmal das Gefühl plötzlicher Traurigkeit oder Schwermut?
- ❑ Fühle ich mich leer, energielos, gereizt?
- ❑ Ergibt das Leben keinen Sinn mehr?
- ❑ Ziehe ich mich gerne zurück und möchte allein sein?
- ❑ Gibt es manchmal Phasen tiefer Depression bis hin zu dem Gedanken an Selbstmord?
- ❑ Habe ich eine große Antriebsschwäche, auch körperlich?
- ❑ Fühle ich mich manchmal wie gelähmt?
- ❑ Bin ich ausgebrannt und am Ende meiner Kraft?
- ❑ Kann und will ich mich nicht mehr auseinandersetzen?
- ❑ Ist das ganze Leben eine Last?
- ❑ Sind die Energien aufgezehrt?
- ❑ Kann ich nicht mehr für meine Ziele kämpfen?
- ❑ Bin ich oft müde, fast apathisch?
- ❑ Bin ich auch manchmal schon körperlich abgeschlafft?
- ❑ Spreche ich mit matter Stimme?

- ❏ Ist mir, als hätte ich jeden Tag meine „Montags-Depression"?
- ❏ Fühle ich mich völlig verzweifelt?
- ❏ Scheint mir meine persönliche Lage aussichtslos?
- ❏ Kann ich nicht mehr weinen?
- ❏ Bin ich der Meinung, daß ich nichts mehr zu verlieren habe, weil schon alles verloren ist?
- ❏ Bin ich innerlich erstarrt, wie betäubt?
- ❏ Ziehe ich mich in meine Träume zurück?
- ❏ Bin ich oft überhaupt nicht mehr anwesend?
- ❏ Bin ich am glücklichsten, wenn man mich in Ruhe läßt?
- ❏ Bin ich froh, daß mich jemand beschützt, damit ich still vor mich hin leben kann?
- ❏ Denke ich ständig an die Vergangenheit?
- ❏ Habe ich Heimweh nach meinem alten Wohnort, nach der Kindheit?
- ❏ Träume ich oft von Ecken, Plätzen und Orten, die mir einmal sehr lieb waren?
- ❏ Bereue ich vergangene Taten, möchte ich diese ungeschehen machen?
- ❏ Habe ich das starke Gefühl, daß früher alles schöner war und daß ich damals glücklich war?
- ❏ Kreisen immer wieder die selben Gedanken im Kopf herum und immer die gleichen Gedanken an vergangene Ereignisse?

Bestandsaufnahme 5:
Streß, starke Anspannung

- ❏ Bin ich voller Energie und engagiere ich mich sehr stark, wenn ich eine Sache anpacke?
- ❏ Kann ich andere mitreißen und begeistern?
- ❏ Engagiere ich mich stark für Zwecke der Allgemeinheit?
- ❏ Wirke ich aktiv in wohltätigen Vereinigungen?
- ❏ Kann ich mich von einer Aktivität in die andere stürzen?
- ❏ Geht mir meine Überzeugung über alles?
- ❏ Arbeite ich im Rekordtempo?
- ❏ Ist es schrecklich für mich, warten zu müssen?

Selbstdiagnose

- [ ] Besitze ich ein schnelles Reaktionsvermögen und fällt es mir schwer, wenn ich sehe, wie langsam viele Mitmenschen ein Problem lösen?
- [ ] Kann ich einen Wutanfall bekommen, wenn es nicht so läuft, wie ich mir es wünsche?
- [ ] Bin ich ein Einzelkämpfer?
- [ ] Kann ich Gedanken, die immer wiederkommen, schlecht abschütteln?
- [ ] Treibt mich ein ungelöster Konflikt ständig um?
- [ ] Fühle ich mich geistig überbeansprucht?
- [ ] Habe ich Einschlafstörungen?
- [ ] Habe ich überhaupt Schlafstörungen?
- [ ] Bin ich ein Choleriker?
- [ ] Bin ich vor Wut und Zorn beinahe einmal handgreiflich geworden?
- [ ] Bin ich mißtrauisch?
- [ ] Habe ich oft schlechte Laune und kann mich in negative Gefühle hineinsteigern?
- [ ] Ist „Selbstdisziplin" eine meiner positiven Eigenschaften?
- [ ] Habe ich hohe Moralvorstellungen, die ich, zumindest für mich selbst, unbedingt durchsetze?
- [ ] Kann ich von einem Prinzip, das ich selbst aufgestellt habe, sehr schlecht Ausnahmen machen?
- [ ] Opfere ich mich gerne für andere auf?
- [ ] Liebe ich enge Bindungen, z. B. an meine Kinder?
- [ ] Hat Liebe und Sorge um den anderen Menschen einen ganz hohen Stellenwert in meinem Leben?
- [ ] Bin ich eifersüchtig?
- [ ] Bin ich immer fröhlich, auch wenn es mir seelisch schlecht geht?
- [ ] Mache ich lieber einen Scherz, als eine Disharmonie entstehen zu lassen?
- [ ] Kann ich Ängste und Befürchtungen anderen Menschen gegenüber nicht zugeben?
- [ ] Bin ich übervorsichtig?
- [ ] Zeige ich mich schüchtern und menschenscheu?
- [ ] Gehe ich ganz vorsichtig an ein Problem heran?
- [ ] Ist Pflichterfüllung für mich eine wichtige Angelegenheit?
- [ ] Kann ich, wenn es sein muß, Tag und Nacht arbeiten?
- [ ] Kann ich eine Sache bis zur Erschöpfung zu Ende führen?
- [ ] Fällt es mir sehr schwer, eine Schwäche zu zeigen?

Veränderung ist angesagt!

Mit der Bestandsaufnahme haben wir einen weiteren Schritt in die richtige Richtung getan, indem wir ein Gerüst aufgebaut haben, das es mit eigenem Erleben, eigenen Gedanken, eigenen Gefühlen auszufüllen gilt.

Die Punkte, die zutreffen, sind unbedingt näher zu betrachten. Mit viel Ruhe, mit viel Ehrlichkeit und viel Nachdenken. Hier endet ganz und gar der Anstoß von außen und die Hilfe, die dieses Buch geben kann. Nun sind wir auf uns alleine gestellt.

Wir müssen davon ausgehen, daß die jetzige Situation, in der wir leben, zumindest unbefriedigend ist. Und das ist sie mit Sicherheit, würden wir uns sonst die Bachblüten und Heilsteine zu Hilfe holen? Wenn wir davon ausgehen, daß wir Hilfe suchen, dann liegt die Hilfe und die Antwort allein in der Veränderung!

1. Was zu verändern ist, muß aufgespürt werden.
   (Meistens weiß man dies schon lange und verhindert es selbst
   mit allen nur erdenklichen Tricks.)
2. Die Veränderung muß durchgeführt werden.
3. Die veränderte Situation muß als Befreiung gespürt werden.
   (Vom Betroffenen, letztendlich von niemandem sonst!)

Dies ist natürlich leicht gesagt, aber es gibt keinen anderen Weg, um das eigene, seelische Problem zu lösen. Wenn man sicher weiß, was einen unglücklich macht, dann muß die Ursache beseitigt werden, koste es, was es wolle. Für manchen mag es vorkommen, als wäre es ein Berg, den man auf einen anderen Platz schieben müsse. Oft ist es das auch. Aber wenn man einmal mit dem Schieben begonnen hat, merkt man, wie dieser auf einmal gleitet und meinen Befehlen gehorcht.

An dieser Stelle ist zu sagen, daß vielerorts ein großer Irrtum herrscht. Anstatt das eigentliche Problem anzupacken, das aus einem selbst kommt, vermutet man z.B. den Partner als den Verursacher und wechselt diesen gegen einen neuen Partner aus. Nun hat man für kürzere oder längere Zeit eine Verschnaufpause und kann sich in der Illusion wiegen, das Problem sei gelöst. Aber, wie das berühmte Amen in der Kirche, es kommt wieder, man kann ihm nicht entrinnen. Um das Problem nun wieder nicht angehen zu müssen, gibt es einen gangbaren, bekannten Weg: Man wechselt wieder den Partner aus – oder man fängt endlich die Veränderung bei sich selbst an!

Natürlich ist das Entsetzen des Umfeldes oft groß, wenn ich beginne, den Berg zu verschieben. Hier muß sich jetzt Partnerschaft oder Freundschaft bewähren, hier muß sich überhaupt zeigen, was Bestand hat!

- Wenn ich Angst habe, muß ich die Ursachen der Angst beseitigen.
- Wenn ich unglücklich bin, muß ich die Gründe meines Unglücks beseitigen.
- Wenn ich keinen Tatendrang habe, muß ich die Ursache der Lähmung beseitigen.

- Wenn ich zu Hause herumsitze und mich langweile, muß ich mir eine sinnvolle Arbeit suchen.
- Wenn ich keine Arbeit finde, muß ich meine Vorstellung von der gesuchten Arbeit ändern.
- Wenn ich Tag und Nacht arbeite, muß ich die Ursache dieser Sucht finden und diese ändern.
- Wenn meine Beziehung kaputt ist, dann muß ich diese beenden.
- Wenn ich mich abhängig gemacht habe, muß ich mich wieder selbständig machen.
- Wenn ich mich anderen unterworfen habe, muß ich mich wieder befreien.
- Wenn ich mich nur in der Machtausübung definiere, muß ich mich vom Herrscher-Zwang befreien.
- Wenn ich meine, jedermann müßte mich gerne haben, dann muß ich mein Ich gewaltig stärken.

Und so kann die Liste weitergehen. Vielleicht legen Sie eine für sich selbst an? Aufschreiben kann der Anfang der Befreiungsarbeit sein. Aufschreiben kann heißen, daß man etwas sichtbar macht, daß sich etwas, was man vielleicht nicht auszusprechen wagt oder nicht aussprechen kann, schwarz auf weiß manifestiert. Aufschreiben allein kann schon Druck wegnehmen und man schafft sich selbst einen leichteren Weg, um am Problem zu arbeiten.

Der eigentliche Weg zur Aufdeckung der Krankheitsursache beginnt erst jetzt. Er beginnt mit dem Lesen der Beschreibung der mir zugeordneten Bachblüten und Edelsteine und dem ersten, hoffentlich betroffenem Nachdenken über die Aussagen.

Hätte ich das Ganze nicht am eigenen Leib gespürt und erlebt, ich wäre in meinen Aussagen sicher wesentlich vorsichtiger, distanzierter. Aber hier geht es nicht um akademische Beschreibungen oder gar um ein Rezeptbuch. Die Wahrscheinlichkeit der tatsächlichen Hilfe wird in unserem Falle um so größer, je tiefer *wir selbst* in die uns betreffende Problematik einsteigen. Die Richtung ist ja gegeben.

Zwei mal 38 Helfer

Wir wissen jetzt, daß es ganz bestimmte Schwingungen sind, die uns helfen, unsere Probleme zu bewältigen. Die Bachblüten-Information wirkt im Inneren des Körpers, die Edelsteine geben ihre Schwingungen auf die Haut ab und wirken so von außen. Zu jeder Bachblüte gibt es einen bestimmten Edelstein mit der gleichen Helfer-Information. Zwei getrennte Therapien haben zusammengefunden und wirken gemeinsam auf das Biosystem des Menschen. Hier wird sozusagen mit doppelter Kraft gearbeitet, von innen und gleichzeitig von außen.

Hier auf einen Blick die verschiedenen Gruppen mit den dazugehörenden Bachblüten und Heilsteinen:

Gruppe 1: Angst
a) tiefe Angst

Bachblüte:	Aspen	Red Chestnut	Rock Rose
Edelstein:	schwarzer Turmalin	Rhodochrosit	Heliotrop

b) Ängstlichkeit

Bachblüte:	Mimulus	Agrimony	Heather
Edelstein:	Hämatit	Paua-Opal	Aquamarin

Gruppe 2: Egozentrik
a) Intoleranz

Bachblüte:	Chicory	Beech	Vine	Water Violett	Impatience
Edelstein:	roter Achat	grüner Fluorit	Tigereisen	roter Turmalin	Onyx
	Rock Water				
	Natur-Citrin				

b) negatives Sozialverhalten

Bachblüte:	Holly	Willow	Crab Apple
Edelstein:	Aventurin	Blauquarz	Amethyst

Gruppe 3: Ich-Schwäche

Bachblüte:	Wild Oat	Larch	Cerato	Scleranthus
Edelstein:	Granat	Schneeflocken-obsidian		Friedens-achat
Bachblüte:	Gentian	Pine	Centaury	Walnut
Edelstein:	Baumachat	Bergkristall	Bernstein	Landschafts-jaspis

Gruppe 4: Realitätsprobleme
a) Depressionen

Bachblüte:	Mustard	Elm	Hornbeam	Olive
Edelstein:	Rhodonit	Chrysopras	Dumortierit	Rosenquarz
Bachblüte:	Wild Rose	Gorse		
Edelstein:	Cyanit	Milchquarz		

b) Verdrängung

Bachblüte:	Star of Bethlehem	Clematis	Honeysuckle	Chestnut Bud
Edelstein:	Tigerauge	Sardonyx	roter Jaspis	Mahagoni-obsidian
Bachblüte:	White Chestnut	Sweet Chestnut		
Edelstein:	Bronzit	Apachenträne		

Gruppe 5:
Streß, starke Anspannung

Bachblüte: Vervain   Oak   Cherry Plum
Edelstein: Azurit   Karneol   Lapislazuli

Die 38 Bachblüten und die 38 Heilsteine auf einen Blick

Bachblüten- und Edelsteintherapie

An Hand der Stichpunkte können Sie zwar ausschließen, was nun überhaupt nicht zu Ihnen paßt. Aber seien Sie auf der Hut, gerne überlistet man sich nämlich selbst!

1. Wenn das **Vertrauen zu sich selbst** gestärkt werden soll:
Agrimony und Paua-Opal

2. Wenn **tiefe Angst** bekämpft werden soll:
Aspen und schwarzer Turmalin

3. Wenn die **eigene Überheblichkeit** gedämpft werden soll:
Beech und Regenbogenfluorit

4. Wenn die **eigene Bescheidenheit** zu groß ist:
Centaury und Naturbernstein

5. Wenn es an **Selbstbewußtsein** mangelt:
Cerato und Rauchquarz

6. Wenn ich **ständig überfordert** bin:
Cherry Plum und Lapislazuli

7. Wenn sich **alte Fehler ständig wiederholen**:
Chestnut Bud und Mahagoniobsidian

8. Wenn ich **Herrschsucht** als Liebe tarne:
Chicory und Roter Achat

9. Wenn ich das **Träumen** der Realität vorziehe:
Clematis und Sardonyx

10. Wenn mich mein **pedantisches Verhalten** stört:
Crab Apple und Amethyst

11. Wenn ich voller **Selbstzweifel** bin:
Elm und Chrysopras

12. Wenn ich nicht mehr der **ewige Pessimist** sein will:
Gentian und Baumachat

Die 38 Bachblüten und die 38 Heilsteine auf einen Blick

13. Wenn mein **Lebenswille** droht verloren zu gehen:
Gorse und Milchquarz

14. Wenn ich mein **eitles Verhalten** erkannt habe:
Heather und Aquamarin

15. Wenn es mir an **Grundvertrauen** mangelt:
Holly und Aventurin

16. Wenn ich die **Vergangenheit** nicht loslassen kann:
Honeysuckle und roter Jaspis

17. Wenn mir der **Lebensantrieb** fehlt:
Hornbeam und Dumortierit

18. Wenn ich **ungeduldig und hektisch** bin:
Impatiens und Onyx

19. Wenn mich **Minderwertigkeitsgefühle** plagen:
Larch und Schneeflockenobsidian

20. Wenn ich zu **ängstlich** bin:
Mimulus und Hämatit

21. Wenn plötzlich die **Depression** da ist:
Mustard und Rhodonit

22. Wenn die tägliche **Anspannung** unerträglich wird.
Oak und Karneol

23. Wenn ich am Ende meiner Kraft bin:
Olive und Rosenquarz

24. Wenn der **Erfolgsdruck** übergroß wird:
Pine und Bergkristall

25. Wenn ich **ständig helfen** muß und ich mich selbst vergesse:
Red Chestnut und Rhodochrosit

26. Wenn ich in akuter **Notsituation** bin:
Rock Rose und *Heliotrop*

27. Wenn ich zu sehr nach **Perfektion** strebe:
Rock Water und *Natur-Citrin*

28. Wenn ich **zu unentschlossen** bin:
Scleranthus und *Friedensachat*

29. Wenn ich **einen tiefen Schock** verarbeiten muß:
Star of Bethlehem und *Tigerauge*

30. Wenn ich scheinbar auf eine **Lebenskatastrophe** zusteuere:
Sweet Chestnut und *Apachenträne*

31. Wenn ich mich **ständig gestreßt** fühle:
Vervain und *Azurit*

32. Wenn meine **Ambitionen** zu groß sind:
Vine und *Tigereisen*

33. Wenn ich in einer **Situation des Umbruchs** lebe:
Walnut und *Landschaftsjaspis*

34. Wenn meine **Distanz zum Mitmenschen** zu groß ist:
Water Violett und *roter Turmalin*

35. Wenn mich **die gleichen Gedanken** immer wieder quälen:
White Chestnut und *Bronzit*

36. Wenn ich **zu viele Dinge auf einmal** anpacke:
Wild Oat und *Granat*

37. Wenn **Energie und Lebensfreude schwinden**:
Wild Rose und *Cyanit*

38. Wenn Enttäuschung zu **Lebensgroll** wird:
Willow und *Blauquarz*

Die
38 Bachblüten
und die
38 Heilsteine

1. Agrimony
(Odermenning, Königskraut, Steinwurz, Leberklee)

Es hat im Deutschen viele verschiedene Namen. Odermenning (Agrimonia eupatoria) wird sehr vielseitig verwendet.
Als Badezusatz für Wunden und Geschwüre, als Gurgelmittel gegen Halsentzündung, als „Schwitzkraut" oder als Hilfe gegen Leberprobleme, besonders Gelbsucht.

Odermenning, das gelbe Kraut, gedeiht gerne auf brachliegenden Feldern, an Wegrändern, auf mageren Böden. Seine Blüten sehen aus wie kleine wilde Rosen; Odermenning ist ein Rosengewächs. Es enthält viel Gerbsäure und Bitterstoffe. Wundärzte behandelten mit ihm im Mittelalter offene Stich- und Schwertwunden. Es ist ein uraltes Heilkraut, dessen Gebrauch bis zurück in die Altsteinzeit geht.

❦ Agrimony als Bachblüte:

Wer Agrimony braucht, ist oft ein sehr fröhlicher Mitmensch mit Sinn für Humor, der gerne in lustiger Gesellschaft ist. Im Innern jedoch herrscht die Angst vor, allein zu sein, ist Unruhe und Besorgtheit. Konflikte und Streit werden tunlichst vermieden und ein Scherz, ein Witz auf den Lippen, überspielt die angespannte Seelenlage.

Außer der ständigen Gesellschaft können es dauernde Aktivitäten sein, welche die eigentlichen Probleme überspielen und vergessen lassen.

Die Flucht in Alkohol, in Drogen allgemein oder in übermäßiges Essen ist vorprogrammiert. Die Nächte, in denen hinter der Fassade keine Betriebsamkeit entwickelt werden kann, sind oft ruhelos und einsam.

Da echte Gefühle in der Regel nicht gezeigt werden können, gibt es Beziehungsprobleme mit anderen Menschen, sobald die Ebene der „Lustigkeit" verlassen werden muß.

Überhaupt ist das sich ungespielt „Gehen-lassen-können", das „Gefühle-zeigen-können" ein Kernproblem. Das ständige Masken tragen, das dauernde Vorspielen von Fröhlichkeit und permanente Problemverdrängung fordert den hohen Preis der Suchtgefahr, gepaart mit quälenden Schlafproblemen.

Gruppe I: Angst, Ängstlichkeit

Heilstein mit der gleichen Wirkungsfrequenz wie Agrimony:

1. Paua-Opal

Perlmutt wird seit langem unter den Heilsteinen aufgeführt. Es ist die Innenschicht von Muscheln, besteht also aus Kalk und hat oft ein wunderbares Farbenspiel. Es entsteht durch Lichtbeugung an den schindelartig angeordneten Kalkblättchen der Muschel. Diese verursachen auch den spezifischen Glanz.

Stichwort:
Fassade der Fröhlichkeit um sich aufbauen

Wer im Agrimony-Zustand ist, braucht die Hilfe des Paua-Opales. Es ist der typische Zustand, in dem Probleme und Ängste hinter eine positive Fassade geschoben werden. Niemand soll merken, wie verletzlich man eigentlich ist. Auch werden ständig Aktivitäten angeschoben, um die eigene Problematik zu vergessen.

Aus der Überlieferung:

Beim Paua-Opal handelt es sich nicht um einen Stein, sondern um eine Muschel, die Paua-Muschel aus Neuseeland. Dieser Paua-Opal zählt seit einigen tausend Jahren zu den wichtigen Heil-„Steinen".

Der Opal des Meeres soll ein ausgezeichnetes Mittel gegen Muskelkater sein, weil er mithilft, Stoffwechsel-Abfallprodukte zu entfernen.

Seine besondere Wirkung soll er auf die Seelenlage des Menschen haben. Der Paua-Opal hebt das Vertrauen zu sich selbst, stärkt das Wissen um die eigene Kraft und gibt dem schwach ausgebildeten Selbstwertgefühl einen Schub nach vorn. Mehr Selbstvertrauen schützt zudem vor Verletzlichkeiten aller Art.

In den Streßsituationen des Alltags soll er helfen, die notwendige Ruhe zu bewahren.

Gruppe I: Angst, Ängstlichkeit

2. Aspen

Die Espe oder Zitterpappel (Populus tremula) ist ein Weidengewächs. Wie bei allen Weidengewächsen gibt es hier männliche und weibliche Bäume. Die Espe ist, wie die Birke, eine Pionierpflanze. Sie wächst bis zum Polarkreis und bis etwa 2000 m Höhe.

Die Espe galt wegen dem Zittern ihrer Blätter als Zauberbaum. Wer das zitternde, glänzende Laub einmal in aller Stille hat auf sich wirken lassen, der versteht die Geschichten von Elfen und Geistern, die sich um diesen ungewöhnlichen Baum ranken.

Bei den Griechen und den alten Briten galt die Espe als Totenbaum; auch in der christlichen Überlieferung ist er als etwas Besonderes erwähnt.

Die Espe, der „sprechende" Baum wird in allen Kulturen beachtet. Auch die heilige Hildegard von Bingen braute aus seiner Rinde einen Badezusatz. Heute verwenden wir Auszüge aus Sprößlingen, Blättern und Knospen, z. B. bei Darmentzündungen. Homöopathische Tinkturen gibt es für verschiedene urologische Probleme.

Aspen als Bachblüte:

Wer Aspen braucht, hat Angst vor dem, was kommen könnte; er zeigt irrationale, unbestimmte Ängste. Vielleicht spricht man besser von Depressionen, jener Leere der Seele, jener Traurigkeit, die bis zum Gedankenspiel mit dem Suizid gehen kann.

Bezeichnend für alle diese Ängste ist, daß sie für Außenstehende unbegründet erscheinen. Der so Befallene kann sehr still und sehr ruhig wirken. Es ist sogar wahrscheinlich, daß er seine Not vor anderen verbergen will und deshalb in eine körperliche Krankheit flüchtet, die von Außen begriffen wird. Da der Angstaspekt hier völlig irrational ist, kann er die verschiedensten Ausdrucksformen annehmen, bis hin zu religiösen oder okkulten Wahnvorstellungen, Verfolgungswahn und Wahnvorstellungen durch Drogen.

Aber auch starke traumatische Erlebnisse wie Vergewaltigung oder Mißhandlungen können den Hintergrund dieser Angst bilden. Geschah dies in früher Kindheit, so sind oft keine bewußten Erinnerungen mehr an die Tat vorhanden.

Gruppe I: Angst, Ängstlichkeit

Heilstein mit der gleichen Wirkungsfrequenz wie Aspen:

2. Schwarzer Turmalin

Der Name Turmalin kommt aus dem Singhalesischen und bedeutet „Etwas Kleines aus der Erde". Schon lange ist bekannt, daß er durch Reiben oder Erwärmen eine elektrische Anziehungskraft erhält. „Schörl" hat sich als Namen für den schwarzen Turmalin durchgesetzt. Man kann ihn als schwarzen Natrium-Eisen-Aluminium-Turmalin bezeichnen.

Stichwort:

Tiefe, irrationale Angst

Wer im Moment den Turmalin dringend braucht, ist im Aspen-Zustand.

Er hat tief sitzende, unbegründete Ängste, die weit über das Ängstlich-Sein um etwas (Mimulus) hinausgehen.

Der Aspen-Typ ist ein sensibler Mensch mit Intuition und Phantasie, der offen für die Fragen des Lebens ist, den aber oft unbenennbare Existenzängste überkommen. Dies können durchaus nicht bewußte Erlebnisse aus der Kindheit sein.

Aus der Überlieferung:

Der schwarze Turmalin gilt als der Schutzstein überhaupt. Er schützt uns vor negativen Einflüssen, besonders vor den negativen Energien unserer Mitmenschen, die oft schmerzhaft spürbar werden.

Der schwarze Turmalin kräftigt die Seele und soll mit einem Bergkristall zusammen seine optimale Wirkung entfalten.

Seit Menschengedenken dient dieser Stein als Amulett, als Glücks- oder Heilstein. Er gilt als Edelstein, der tief entgiftend mit seiner Frequenz in den Körper eindringt und dort Blockaden löst. Auch unser vegetatives Nervensystem profitiert davon.

Gruppe I Angst, tiefe Angst

3. Beech

Die Rotbuche (Fagus sylvatica) mit ihrer dünnen Rinde verdrängt die anderen Bäume aus ihrem Bannkreis und läßt dem Unterholz wenig Licht. Wenige Arten können in ihrem dichten Schatten noch gedeihen. Ein alter Buchenwald ist wie das Gewölbe eines Domes. Gefiltertes Licht fällt in den hohen Raum und läßt Ehrfurcht vor der Schöpfung aufkommen.

Das Wort „Buch" soll von Buche kommen, weil vor Urzeiten auf Buchenrinde geschrieben wurde. Rotbuche wird sie wegen ihres leicht rötlichen Holzes genannt, das besonders gut brennt. Die Asche war lange Zeit als Düngemittel und zur Herstellung von Laugen begehrt. Auch mischte man sie mit Johannisöl, um Wunden zu behandeln.

Die ölhaltigen Bucheckern waren ausgezeichnetes Schweinefutter. Gerne trieben die Bauern die Tiere in den Buchenwald! Letztendlich schmecken die Blätter gut, wenn sie frisch ausbrechen und waren ein willkommener Salatersatz.

❧ Beech als Bachblüte:

Wer Beech braucht, sucht Hilfe gegen die eigene Arroganz, gegen Intoleranz und Kritiksucht anderen Menschen gegenüber. Es ist schwer, die eigenen festen und so „richtigen" Überzeugungen in Frage zu stellen und andere Meinungen gelten zu lassen. Derjenige, der Beech braucht, meint, über andere deshalb urteilen zu müssen, weil seine Vorstellung von der Welt und sein Wissen um die Zusammenhänge höherwertiger seien als die Meinungen der anderen Menschen.

Sein starker Wille und seine Durchsetzungskraft erzeugen oft Zorn und Gereiztheit. Diese kann bis zur Boshaftigkeit gehen. Pedanterie und Mangel an echter Zuneigung können ein weiteres Merkmal sein.

Selbsternannte Führer jeglicher Art können Beech-Typen sein. Sie predigen hohe Ideale und suchen Gefolgsleute, um dann über diese herrschen zu können. Man erkennt diese Menschen an ihrer absoluten Ichbezogenheit und daran, daß sie sich für das Maß aller Dinge halten.

Gruppe II, Egozentrik, Intoleranz

Heilstein mit der gleichen Wirkungsfrequenz wie Beech:

3. Regenbogenfluorit

Fluorit ist die lateinische Bezeichnung von Flußspat.
Er ist kubisch, bildet Würfel, oktaedrische Kristalle, Zwillinge und körnige Massen und hat einen glasigen Glanz. Er erscheint farblos und in allen Farben. Der Regenbogenfluorit besteht aus mehreren Farbzonen.
Die Farbenvielfalt ist auf die Aufnahme von Fremdstoffen zurückzuführen.

Stichwort:
Überheblichkeit, Vorurteile

Wer im Beech-Zustand ist, braucht als Hilfe einen Fluorit, denn er ist ein Mensch, der immer und überall etwas auszusetzen hat.

Er ist innerlich hoch angespannt, sieht überall das, wovon er meint, daß es negativ sei und kommt nicht zur Ruhe.

Aus der Überlieferung:

Der Fluorit, in allen Formen und Farben, ist ein begehrter Sammler- und Heilstein. Viele Geschichten ranken sich besonders um den Regenbogenfluorit mit seinen phantastischen Farben.

In China war er schon seit jeher Glücksbringer. Aber auch besonders der grüne Fluorit, der unser Augenmerk auf die grüne Mutter Erde lenken soll, besitzt heilende Wirkung. Fluorite sind gute Konzentrations- und Lernsteine.

Die Harmonie, welche die Fluorite ausstrahlen, soll uns auf einen harmonischen Lebensweg mit unseren Mitmenschen bringen. Verständnis, das wir nicht nur für uns, sondern auch für andere aufbringen sollen, ist eine der helfenden Eigenschaften, welche dem Regenbogenfluorit zugeschrieben werden, ebenso Liebe und positive Partnerschaft.

Dabei kommt der wache Verstand nicht zu kurz: Fluorite sollen positive Wirkungen auf die Gehirntätigkeit haben. Sie fördern kreative Gedanken und die Fähigkeit zu konzentrierter Denkleistung.

Gruppe II, Egozentrik, Intoleranz

4. Centaury

Nur an warmen Sommertagen zeigt das unscheinbare Tausendgüldenkraut (Centaurium umbellatum) am Weges- oder Ackerrand seine rosafarbenen, fünfsternigen Blüten. Schon Ärzte der Antike kannten dieses Gewächs zum Vorantreiben der Monatsblutung, aber auch als Kraut gegen Wunden und als Gegengift gegen Schlangenbisse und als Wurmmittel.

Als Bitterstoff zur Bierherstellung war es im Mittelalter in Gebrauch.

Dieses „Goldkraut" schätzte Kneipp besonders als Mittel gegen Magenprobleme. Das gesamte Umfeld des Magens und die damit zusammenhängenden Probleme soll es mittels seiner Bitterstoffe positiv beeinflussen.

🌷 Centaury als Bachblüte:

Wer Centaury braucht, kann oft nicht „nein" sagen, ist leicht beeinflußbar und kann sich über alle Maßen für die Mitmenschen abrackern.

Eine Bitte um Hilfe wird gerne angenommen, wobei die Hilfe bis zur eigenen Erschöpfung, bis zur Selbstaufgabe gehen kann.

Die eigene Bescheidenheit und Unauffälligkeit unterstreicht das gutmütige und nachgiebige Wesen.

„Geben, nicht nehmen", heißt der Wahlspruch, der oft unbewußt gelebt wird.

Der eigene, schwache Wille macht natürlich müde und matt und entzieht dem Ich die für den eigenen Antrieb so nötige Energie.

Der Centaury-Typ will sich die Zuneigung oft mit aller Gewalt und aufdrängend verdienen: Nach dem Opfer und der Unterwerfung erfolgt die Belohnung, die Liebe. Dies geht natürlich in den wenigsten Fällen gut, denn der Gefallen, der Anderen dargebracht wird, wird dort als solcher vielleicht gering geachtet und muß, oft mit Selbstverleugnung, bitter bezahlt werden.

So sieht man dem Centaury-Typen die Erschöpfung oft schon körperlich an, er ist blaß, überarbeitet und verspannt.

Gruppe III, Ich-Schwäche

Heilstein mit der gleichen Wirkungsfrequenz wie Centaury:

4. Bernstein

Dies ist versteinertes Holz hauptsächlich der Bernsteinkiefer (Pinus succinifera) aus den gigantischen Wäldern vor etwa 40 Millionen Jahren. Sie sanken ab und wurden verschüttet. Daraus entwickelten sich Braunkohle und Bernstein. Es ist ein sehr leichter Stein, etwa zu 20% durchsichtig, oft mit Einschlüssen von Rindenstückchen, Ästchen, Pflanzensamen oder Insekten. Er ist gelblich-braun bis farblos.
Er glänzt wie Wachs.

Stichwort:

Schwache Entscheidungsfähigkeit, innere Unsicherheit

Wer im Moment den Bernstein dringend braucht, ist im Centaury-Zustand. Er ist sehr bescheiden, nachgiebig, vermeidet laute Diskussionen und möchte lieber in aller Stille anerkannt werden, anstatt zu streiten. Er muß aufpassen, daß er sich nicht total für Andere verausgabt und dann „leer" zurückbleibt. Innere Unsicherheit kann anstehende Entscheidungen blockieren oder hinauszögern, was dann als Nachgiebigkeit oder Gutmütigkeit gedeutet werden kann.

Aus der Überlieferung:

Bernstein ist wohl der älteste Schmuck- und Heilstein der Welt, wird er doch heute noch an bestimmten Küsten angeschwemmt.

Wir nehmen für Heilzwecke in der Regel Bernstein ohne Einschlüsse. Bernstein bedeutet „Brennstein". Da er aus Harz besteht, läßt er sich leicht entzünden.

Seit tausenden von Jahren zählt der Bernstein zu den begehrten Heilsteinen, besonders gegen Hauterkrankungen, Ekzeme und Allergien.

Als Stein der Sonne, als der er seit jeher gilt, soll er besonders die Lebensgeister, die Lebensfreude wieder wecken.

Er bringt Wärme in unser Leben, hilft uns gegen Ratlosigkeit und Depression und kräftigt die Entscheidungsfähigkeit. Es ist wichtig, daß er längere Zeit direkt auf der Haut getragen wird.

Gruppe III, Ich-Schwäche

5. Cerato

Die Heimat des Bleiwurz (Ceratostigma willmottiana) ist Tibet.
Dort überwuchert die Pflanze das Geröll der Steine.
Ihre Blüte spiegelt den azurblauen Himmel des Himalaya.

Zu Beginn des 20. Jahrhunderts gelangte sie nach England und wurde nach einer Engländerin benannt.

Da diese Pflanze in der europäischen Heilkunde unbekannt ist, läßt sich sehr wenig über sie sagen. Bekannt ist ihre keimhemmende Eigenschaft; sie soll auch Anwendung bei Zahnschmerzen finden, worauf der französische Name „Dentalaire" hindeutet.

Die indische Heilkunde kennt aber verwandte Arten des Bleiwurzes und fertigt eine ganze Reihe von Heilmitteln aus ihnen.

🌸 Cerato als Bachblüte:

Wer Cerato braucht, muß an seinem Selbstvertrauen arbeiten. Selbstvertrauen und Urteilsvermögen sind beschädigt, so daß man sich lieber auf die Mehrheitsmeinung der Gruppe verläßt, in der man lebt.

Hier läßt man sich und seine schwache eigene Überzeugung gerne dominieren. Die Empfänglichkeit für die Meinung anderer hat eine große Ich-Problematik zur Folge, denn es fehlt die stabile Größe: Dreht sich der Wind, muß man sich mitdrehen, verändert sich die äußere Mehrheitsmeinung, muß man die Veränderung mitvollziehen und gleichfalls seine Meinung ändern.

Dieser Unsicherheit dem Leben gegenüber folgt die scheinbare Unzuverlässigkeit, denn man ist ja schwer zu berechnen. Auch an Einfältigkeit könnte man denken, wenn zum Beispiel dauernd um Rat gefragt wird.

Durch ständige Unentschlossenheit wird man zudem in der Umgebung nicht mehr ernst genommen.

Der Cerato-Typ lebt in seiner ausgeprägtesten Form als Imitation und verleugnet sich selbst, weil er keinerlei Zutrauen zu sich besitzt. Bach nannte die Cerato-Typen „töricht", weil sie zu viel auf die Meinungen anderer geben und sich so beeinflussen lassen.

Gruppe III, Ich-Schwäche

Heilstein mit der gleichen Wirkungsfrequenz wie Cerato:

5. Rauchquarz

Er hieß bis ins 18. Jahrhundert Rauchtopas, ein Name der heute noch fälschlicherweise verwendet wird. Es ist ein Quarz mit der Kristallbildung wie der Bergkristall, jedoch immer braun in der Farbe. Er glänzt wie Glas. Geht die Farbe ins Gelbliche, wird er in fließendem Übergang zum Citrin. Schwarze Rauchquarze, wie sie oft als Fälschung auftauchen, gibt es nicht.

Stichwort:

Mangelndes Selbstvertrauen

Wer im Cerato-Zustand ist, braucht als Hilfe den Rauchquarz.

Minderwertigkeitsgefühle produzieren Unsicherheit im Urteilsvermögen und schwächen das Selbstvertrauen. Da die Ängste vor eigenem, freiem Handeln groß sind, schließt man sich sicherheitshalber den Meinungen der Autoritäten an.

Aus der Überlieferung:

Rauchquarze sind dunkle Bergkristalle, die schon in der Antike bekannt waren. Die alten Griechen meinten, wenn der Bergkristall erwachsen wird, dunkelt er langsam nach.

Die Römer trugen ihn, um nach unglücklichen Zeiten neue Lebensfreude zu erhalten. Auf Verspannungen am Körper gelegt, lindert er die Schmerzen. Der Rauchquarz bringt den niedergeschlagenen und depressiven Menschen neue Kraft, um das bisherige Leben wenden zu können. Als Stein, der selbst unter großer Spannung in seinem Innern steht, baut er körperliche und seelische Spannungen ab und hilft, wieder belastbar zu werden. Alte Werte, auf die bis jetzt gebaut wurde, können mit seiner Hilfe besser losgelassen werden, um eine veränderte, positive Zukunft zu gestalten, eine Zukunft, die ein freieres, offeneres Leben ermöglicht.

Gruppe III, Ich-Schwäche

6. Cherry Plum

Die Kirschpflaume (Prunus cerasifera) ist bekannt als einer der ersten, weißen Frühblüher. Mit seinen fünfsternigen Blüten ist er einer der ganz frühen Frühlingsboten. Mit ihm werden oft Hecken als Abgrenzung zu Nachbargrundstücken gezogen. Kirschpflaumen sind oft die ersten großflächigen Bienenweiden eines neuen Vegetationsjahres.

In der alten Medizin spielt die Kirschpflaume keine große Rolle. Sie gilt, wie alle anderen Pflaumen auch, als abführend. Die Blätter, als Tee gebrüht, wirken darmreinigend. Aus den Blütenknospen ergab sich ein Stärkungsmittel.

Kneipp mischte Pflaumenblüten in seine Abführtees.

❦ Cherry Plum als Bachblüte:

Wer Cherry Plum braucht, steht kurz davor, die Kontrolle über sich zu verlieren. Die schreckliche Angst ist vorhanden, etwas Schlimmes, etwas Furchtbares zu tun; Verzweiflung macht sich breit, der „Kurzschluß" ist nahe. Der innere Druck, der „Streß", die Überforderung, die Spannung, die unüberwindbar scheint, zeigt sich oft in Weinkrämpfen, in hysterischen Anfällen, in „Amokläufen" aller Art.

Diese nicht mehr meßbare Überforderung, der totale „Streß", kann als letztes Mittel Gewalt gegen sich selbst erzeugen: Die äußerlich so harmlose Depression hat eine solche Dimension erreicht, daß man in der Regel ohne fremde Hilfe kaum oder nur unter größten Anstrengungen wieder heraus kommt.

Dies kann die Stufe zwischen Neurose und Psychose sein. Die Angst vor dem vielleicht kommenden Wahnsinn gehört hierher, die Angst vor dem Zusammenbrechen des Verstandes, die Angst, die Kontrolle über sich zu verlieren.

Der eine Mensch dieser Gruppe reagiert stark aggressiv und impulsiv, er versucht sich noch zu wehren, der andere, besonders in der Depression, apathisch und leer.

Gruppe V, Streß, psychische Spannung

Heilstein mit der gleichen Wirkungsfrequenz wie Cherry Plum:

6. Lapislazuli

Aluminiumsilikat mit Schwefel, geringe Mengen Eisen, Kalium und Marmoreinschlüsse, das ergibt den berühmten Lapislazuli, der in einer Metamorphose mit Marmor entstand und deshalb immer in Kontakt zu diesem gefunden wird.

Stichwort:
Absolute Anspannung, Angst vor Kontrollverlust.

Wer im Moment Lapislazuli dringend braucht, ist im Cherry Plum-Zustand. Er meint, vor innerer Spannung schier zu explodieren und hat große Angst, die Beherrschung oder gar den Verstand zu verlieren.

Die Überforderung ist riesengroß und es scheint kurz vor dem Tropfen zu sein, der das Faß zum Überlaufen bringt. Die innere Gegenwehr ist jedoch stark mobilisiert.

Aus der Überlieferung:

Seinen Namen erhielt der Lapislazuli durch das arabische Wort „Azul" (Himmel) und das lateinische Wort „Lapis" (Stein).

Man weiß, daß dieser „Himmelsstein" schon vor 7000 – 9000 Jahren zu Schmuck verarbeitet wurde. Er war Schutzstein der Indianer, aber auch der Griechen und Römer.

Mit seinen starken Schwingungen wirkt er spannungslösend auf den Organismus. Er baut psychische Blockaden und Ängste ab und hilft, verloren geglaubtes Selbstvertrauen wiederzugewinnen.

Durch Streß bedingten Bluthochdruck hilft er mit zu senken. Dinge, die wir nicht „schlucken" wollen, erzeugen nicht nur im Körper Stauungen. Im übertragenen Sinne gilt dies erst recht für die Seele. Dieser Stau, besonders wenn er tagtäglich vorkommt, führt zu dem, was wir „Streß" nennen. Überhaupt gilt der Lapislazuli in unserer technisierten Zeit als „Anti-Streß-Stein". Er soll durch den Spannungsabbau mithelfen, eine neue Konzentrationsfähigkeit aufzubauen.

Es werden kräftige, dunkelblaue Steine empfohlen.

Gruppe V, Streß, psychische Spannung

7. Chestnut Bud
(Knospe der Roßkastanie)

Die Roßkastanie (Aesculus hippocastanum) wird zum großen, mächtigen Baum mit riesiger Krone. Sie kommt aus dem Westen Asiens, wo sie bis hin zum Himalaya beheimatet ist.

Im 16. Jahrhundert wurde sie in Mitteleuropa heimisch, wobei die bittere Rinde medizinisch interessierte. „Modern" wurde dieser Baum unter Ludwig XIV, der ihn als Schattenspender zum Sonnenschutz des Adels in seinen Schloßgärten anpflanzen ließ.

Roßkastanien dienten als Ersatz für Hopfen, Kaffee konnte man damit längen und Leim mit ihnen herstellen.

Der Bezug zum Pferd lag wohl darin, daß diese Kastanien als Pferdefutter begehrt waren, denn sie stabilisierten die Gesundheit der Tiere.
Im Prager Kräuterbuch von 1563 sind diese erwähnt.

❦ Chestnut Bud als Bachblüte:

Wer Chestnut Bud braucht, ist in der Regel ein ungeduldiger, zerstreuter Mensch. Er ist ständig mit Gedanken an die Zukunft beschäftigt und zeigt dadurch einen Mangel an Konzentration. Das „Hier und Jetzt", die eigentliche Zeit, in der wir leben, wird sträflich vernachlässigt. Dadurch neigen die Chestnut Bud-Typen dazu, die gleichen Fehler immer wieder zu machen.

Bevor man sich mit dem Problem auseinandersetzt oder es gar klärt, stürzt man sich lieber in das nächste Abenteuer - und landet wieder dort, wo man vordem war.

Die Realität wird oft so zurechtgebogen, wie man sie gerne hätte. Das hat natürlich seine Tücken, denn die Wirklichkeit läßt sich ganz einfach nicht manipulieren. Realitätsverlust oder zumindest Realitätseinengung sind dann die Folge.

Die „Kopf-in-den-Sand-Politik" zeigt, daß man den Kontakt zum Geschehen verloren hat.

„Oberflächlichkeit", oder „Schusseligkeit" sind Begriffe, die oft auf solche Menschen zutreffen.

Gruppe IV, Realitätsprobleme, Verdrängung

Heilstein mit der gleichen Wirkungsfrequenz wie Chestnut Bud:

7. Mahagoniobsidian

Obsidiane siehe Nr. 19: Schneeflocken-Obsidian.

Der Mahagoni-Obsidian zeichnet sich durch einen hohen Gehalt an Eisenoxyd aus. Hierdurch bilden sich die rotbraunen Flecken in der glasigen Masse.

Stichwort:

Das Wiederholen von alten Fehlern (oft in neuem Gewand)

Wer im Chestnut Bud-Zustand ist, braucht als Hilfe einen Mahagoniobsidian.

Unbewußt immer wieder in altes Fahrwasser zu geraten, das man meinte verlassen zu haben, ist eine sehr ärgerliche Angelegenheit.

Mangelnde Wahrnehmung der Realität läßt den Menschen in gewohnte Strukturen zurückfallen. Wirklichkeitsnahes Handeln ist hier dringend erforderlich.

Aus der Überlieferung:

Der Obsidian, den es als Schneeflocken-, Mahagoni-, Gold- und Regenbogenobsidian gibt, wurde schon in der Steinzeit als Werkzeug oder als Pfeilspitze benutzt.

Die Indianer Mittelamerikas und Mexikos benutzten die Obsidiane als Schutzsteine, um das Schlechte vom Menschen fernzuhalten.

Die Griechen meinten, daß sie dem Träger zu mehr Realität verhelfen. Wer sich gerne dem Traum hingibt oder der träumenden Phantasie, der sollte einen Obsidian tragen, der dann mehr Wirklichkeit zuläßt.

Für die Psyche ist dieser Stein sehr wichtig, hilft er doch, die Realität besser zu erkennen und sie richtig einschätzen zu lernen. Man spricht bei diesem Stein von mehr „Licht", das uns durch ihn erreicht und uns der Erleuchtung näher bringt. Dies bedeutet hier das realistische Einschätzen der Wirklichkeit.

Der Obsidian hilft dem Bewußtsein, verdrängte Bewußtseinsinhalte wiederzufinden. So sollen wir mit ihm tief in uns selbst eintauchen können, um Erlebtes nochmals zu erleben, damit es verarbeitet werden kann. Mit ihm lernen wir endlich aus unseren Fehlern und können neue, richtige Entscheidungen treffen.

Gruppe IV, Realitätsprobleme, Verdrängung

8. Chicory

Wer sie an trockenen Wegrändern mit ihren wunderschönen blauen Blüten, die zur Sonne hingestreckt sind, gesehen hat, vergißt sie nicht, die Wegwarte (Cichorium intybus).

Sie gedeiht auf ausgetrockneten Böden und leuchtet mit ihrer zarten, himmelblauen Schönheit als Gegensatz zur harten Erde, auf der sie wächst.

Diese Blume der Sonne öffnet frühmorgens ihre Blüten, um sie mittags wieder zu schließen. An wolkenverhangenen Tagen will sie überhaupt nichts vom Himmel wissen und bleibt verschlossen

Die mittelalterliche Medizin kennt Chicory als excellentes Leber-, Milz- und Blutreinigungsmittel. Ebenfalls in der Homöopathie ist „Cichorium" hierfür bekannt. Auch als Ersatzkaffee hat die geröstete Chichory-Wurzel in Tagen der Not uns Menschen gedient.

❧ Chicory als Bachblüte:

Menschen, die Chicory brauchen, sind sehr fürsorgliche, liebevoll erscheinende Menschen, die ihr Kind oder ihren Partner verwöhnen, umsorgen und mit liebender Zuneigung umgarnen.

Diese scheinbar selbstlose Liebe ist aber nur vordergründig. Dahinter steht der Wunsch zu besitzen und zu herrschen.

Das „Geben" ist nur scheinbar, es ist vorgeschoben, um ein verstecktes Ziel zu erreichen. Dahinder steht der Hunger nach Zuneigung, nach Liebe.

Nicht stillbarer Ehrgeiz, aber auch Wichtigtuerei sind oft die Motivationen für das vordergründig so soziale Verhalten, das in Erpressung und Psychoterror ausarten kann.

Der Urheber dieses Verhaltens ist die Angst, nicht geliebt zu werden, was sich bis zur tatsächlichen Krankheit steigern kann, wenn die aufgedrängte „Liebe" zurückgewiesen wird.

Krank bedeutet hier wieder, Macht über andere auszuüben. Diese müssen sich nun mit mir beschäftigen, sich um mich kümmern, sich um mich sorgen, da ich ja so krank und hilflos bin.

Gruppe II, Egozentrik, Intoleranz

Heilstein mit der gleichen Wirkungsfrequenz wie Chicory:

8. Roter Achat
(Karneolachat)

Wegen seiner vielfältigen Erscheinungsformen gibt es die unterschiedlichsten Namen, die sich auf das jeweilige Erscheinungsbild beziehen. Die heutigen Bezeichnungen stammen aus dem 18. Jahrhundert. Achate finden sich in Gasblasen von Vulkangestein, die sich nach Erkaltung mit Kieselsäure füllten. Nach deren Austrocknung lagerten sich Quarzschichten ab, die unzählige Muster erschufen.

Stichwort:
Hinter Liebe versteckte Herrschsucht

Wer im Chicory-Zustand ist, braucht als Hilfe einen roten Achat, denn hinter all der zur Schau gestellten Liebe und Aufopferung für andere Menschen steht der Drang des Herrschen-Wollens, aber auch die falsche Suche nach Zuneigung.

Besonders den Kindern von Chicory-Typen wird es schwer gemacht, ernste Verbindungen mit einem Partner einzugehen.

Aus der Überlieferung:

Die Achate gehören seit Menschengedenken zu den Schmuck- und Heilsteinen. In der Antike wurden viele Schmuckgegenstände aus Achaten geschnitten. Bei den Römern waren vor allem Achat-Ringe begehrt. Wichtige Merkmale zum heilkundlichen Einsatz der Achate sind die Zeichnungen oder/und die Farben. In diesem Fall ist es sicherlich die rote Farbe, die mit ihrer Schwingung tief in den Körper eindringt und Hilfe bringt. Der rote Achat soll die Nieren kräftigen und Entzündungen der Nieren und der Harnleiter vorbeugen. Er soll besonders Mütter mit ihren Kindern vor Krankheiten bewahren.

Zu ihrer Wirkung auf die Psyche ist wenig klar Formuliertes zu finden. Achate sollen ihre Träger vor negativen Fremdeinflüssen, aber auch vor Depressionen schützen. Sie sollen das mitmenschliche Zusammenleben und den Umgang miteinander harmonisieren und sensibilisieren. Die mehrfach gegebene Empfehlung, diesen Achat oft und lange meditativ anzuschauen, zeigt wiederum, daß die Farbwirkung über die Augen auf die Psyche wirkt.

Gruppe II, Egozentrik, Intoleranz

9. Clematis

Die weiße Waldrebe (Clematis vitalba) ist eine echte Kletterpflanze, die, im dunklen Waldboden heimisch, 10 bis 15 Meter linksdrehend kletternd überwinden kann, um ans Licht zu kommen.

Trotz ihrer möglichen Länge ist es ein unscheinbares Gewächs, so unscheinbar wie seine nicht reinweißen, oft ins grüne oder gelbliche gehenden Kelchblätter, denn Blütenblätter hat sie nicht.

Die Waldrebe hat einen ätzenden Saft, mit dem Hautentzündungen, Ekzeme und Krätze behandelt wurden.

Die Franzosen nennen diese Pflanze „herbe-aux-gueux", Schurkenkraut. Mit dem Saft der Waldrebe sollen die Bettler Geschwüre vorgetäuscht haben, um Almosen zu erhalten.

Clematis erscheint uns verträumt und unwirklich, besonders wenn ihr betörend süßer Duft unsere Sinne erreicht. Dieser ist sicher notwendig, denn wie sollten Insekten sonst diese unscheinbare Pflanze im Blättergestrüpp wahrnehmen?

❦ Clematis als Bachblüte:

Wer Clematis braucht, ist oft abwesend, zerstreut, verträumt und wirkt dann als „Nicht von dieser Welt". Introvertiert vor sich hinlebend, kann dieser Mensch oft lustlos und sogar apathisch sein.

Schläfrig, mit mangelndem Interesse an der Gegenwart, scheinen diese Menschen glücklich, wenn sie in ihrer Traumwelt nicht gestört werden.

Diese Realitätsflucht soll sie letztendlich vor den unangenehmen Seiten des Lebens, vor der aktiven Auseinandersetzung mit der Umgebung schützen.

Dieses Desinteresse am Lebendigen, dieses passive Sein bringt weder Glück noch Freude ins Leben. Was nützt schon der Traum vom Glück und der Traum von einer glücklichen Zukunft, wenn man alles beim Träumen beläßt!

Die Flucht in den Alkohol, in die Droge allgemein, in die Krankheit oder in den „Schutz" eines herrschsüchtigen Partners, ist natürlich nur ein vordergründiger Lösungsversuch.

Gruppe IV, Realitätsprobleme, Verdrängung

Heilstein mit der gleichen Wirkungsfrequenz wie Clematis:

9. Sardonyx

Sein Name ist eine Zusammensetzung aus Sarder und Onyx.

Er entstand in Vulkangestein. Zu Kieselsäure-Lösungen kamen Mangan- und Eisenverbindungen. Durch die verschiedenen fremden Stoffe bildeten sich die Farbschichten weiß bis hellblau (Calcedon), braun bis rot, (Karneol) und schwarz (Onyx).

Stichwort:

Lebensangst, Flucht in die Abwesenheit

Wer im Clematis-Zustand ist, braucht als Hilfe einen Sardonyx. Er flieht vor der Wirklichkeit und zieht sich in seine innere Realität zurück. Das Interesse am tatsächlichen Leben scheint verloren, Träume sind Ersatz. Die Flucht in Drogen ist nicht auszuschließen.

Aus der Überlieferung:

Sardonyx war Schutzstein der antiken Griechen und Römer. Er sollte alles Böse vom Körper fernhalten. Man überwand mit dessen Hilfe seine Trauer, um wieder Freude am Leben zu finden. Auch wurde er zur Schärfung der Sinne und zur Steigerung der Wahrnehmungsfähigkeit getragen.

Bei Hildegard von Bingen war er der fünfte von zwölf Grundsteinen und somit einer der ganz bekannten Heilsteine. Er schützt besonders vor Infektionskrankheiten und hat eine regulierende Kraft auf die Schilddrüse. Überhaupt regt er den Stoffwechsel an und aktiviert die Körperflüssigkeiten. Er ist ein wichtiger Stein, der hilft, sich von Depressionen zu befreien. Er eignet sich besonders, so liest man, gegen „Xenophobie", der Angst vor dem Fremden, Unbekannten.

Menschen, die Trauerarbeit leisten oder die sich in einer großen Umbruchsituation befinden, sollten unbedingt einen Sardonyx zu Hilfe nehmen, denn mit ihm füllt sich das Leben mit einem neuen Sinn.

Gruppe IV, Realitätsprobleme, Verdrängung

10. Crab Apple

Der Holzapfelbaum (Malus pumila) ist ein sehr bescheidenes Bäumchen. Er ist der Vorfahre unserer Kulturäpfel und er war schon, was man an verkohlten Resten sehen kann, in der Steinzeit ein beliebtes Nahrungsmittel.

Schon in Vorzeiten wurde Apfelmus, Most und Essig von seinen Früchten hergestellt. Über Persien, das für seine Veredelungskunst bekannt ist, dann über das Römische Reich, kam der Apfelbaum auch zu uns.

Den Germanen und den Kelten galt der Apfelbaum als heilig. Der Apfel stand für Vollendung und Unsterblichkeit. Die Blüten waren Zeichen der Fruchtbarkeit.

❦ Crab Apple als Bachblüte:

Wer Crab Apple braucht, hat zumindest ein Sauberkeits- und Ordnungsproblem, wenn er nicht gar ein Sauberkeitsfanatiker ist. Er „verkleidet" sich als Perfektionist und ekelt sich vor allem, was in seinen Augen Schmutz ist, auch vor dem eigenen Körper und seinen natürlichen Ausdünstungen. Das Aussehen dieser Menschen und ihre Kleidung sind meist äußerst gepflegt bzw. das, was man „korrekt" nennt; und dies so sehr, daß in der offensichtlichen Übertreibung schon ein Stück Karikatur zu sehen ist.

Im weitesten Sinne „ekelt" sich ein solcher Mensch vor allem Lebendigen. Die Angst vor Spinnen, vor Kriechtieren, vor Mäusen ist hier angesiedelt. Da er seinem Menschsein nicht entfliehen kann, fühlt er sich ständig unsauber und oft von Waschzwängen getrieben: Ständiges, meist unbewußtes Händewaschen soll den Körper, beziehungsweise die Seele reinigen.

Der körperliche Reinlichkeitswahn kann sich auch auf den psychischen Bereich dahingehend übertragen, daß man ungesunde, krankhafte Moralvorstellungen entwickelt und diese auch seinen Mitmenschen aufzwingen will.

Diese psychische und somatische Störung macht vor der Sexualität nicht halt. Man erfährt diesen natürlichen Lebensbereich tragischerweise ebenfalls als etwas, das Ekel erzeugt. Crab Apple-Typen haben deshalb größte Partnerschaftsprobleme.

Gruppe II, Egozentrik, negatives Sozialverhalten

Heilstein mit der gleichen Wirkungsfrequenz wie Crab Apple:

10. Amethyst

Sein Name kommt aus dem Griechischen und heißt etwa: „Vor Trunkenheit bewahrend". Er entstand schon bei Temperaturen unter 250° C, wobei ein Teil des Eisens im Quarz mit Hilfe ionisierender Strahlung oxidierte. Er wird normalerweise in Hohlräumen (Drusen) vulkanischen Gesteins gefunden.

Stichwort:

Reinlichkeitswahn, Sauberkeit- und Ordnungsfanatiker

Wer im Crab Apple-Zustand ist, braucht als Hilfe einen Amethyst. Sein Problem ist pedantisches Verhalten in allen Bereichen, mit übersteigerten Ordnungs- und Sauberkeitsvorstellungen.

Er haßt vor allem jede Art von Schmutz bzw. das, was er für Schmutz hält. Sein Ekel, z. B. vor Gerüchen, macht sogar am eigenen Körper nicht halt. Zu diesem hat der ausgeprägte Crab Apple-Typ ein sehr distanziertes Verhältnis. Die wohlbekannte Putzsucht gehört hierher.

Aus der Überlieferung:

Der Amethyst ist ein seit Jahrtausenden bekannter Heil- und Schmuckstein. „Amethystos", wie die Griechen diesen Stein nannten, bedeutete, daß er dem Träger Standfestigkeit, vor allem gegen die Trunkenheit verlieh.

Er wird heute noch als „Suchtstein" bezeichnet und es gibt die alte Anweisung, einen kleinen Amethysten unter der Zunge zu tragen, um von einer Sucht loszukommen.

Der Amethyst wirkt beruhigend auf das Herz und auf die Nerven, fördert die Konzentrationsfähigkeit und die geistige Wachheit. Es wird empfohlen, ihn abends unter das Kopfkissen zu legen. Genau wie der Bergkristall greift er positiv in das Traumgeschehen ein und macht die Träume klarer.

Da der Amethyst beruhigend wirkt, ist er als Meditationsstein weit bekannt. In ruhigen Momenten betrachtet, schenkt er Frieden und Ausgeglichenheit.

Gruppe II, Egozentrik, negatives Sozialverhalten

11. Elm

Die Ulme (Ulmus procera), ein breitkroniger Baum, der mehrere hundert Jahre alt werden kann, ist vom Aussterben bedroht, da ihr Immunsystem die immensen Schädigungen, besonders durch Pilze und andere Mikroorganismen, nicht mehr aushält. Die Parallele zu den menschlichen Allergien ist hier nicht zu übersehen.

Die erste Hälfte des Spruches: „Erst stirbt der Wald, dann stirbt der Mensch" wird bei der Ulme zur bitteren Wahrheit.

Blüte und Frucht der Ulme erscheinen vor der Ausbildung des Laubes eine Seltenheit, ebenso das Wachstum der Zweige, die in einer Links-Rechts-Zickzack-Bewegung wachsen.

Medizinisch ist die schleimhaltige Ulmenrinde schon lange bekannt und hilft gegen Darmprobleme. Die Waldindianer kannten sie auch als Hilfe gegen Lungenerkrankungen.

Ein Bad mit gekochtem Rindenzusatz soll bei vielerlei Hautleiden, aber auch bei Rheuma helfen.

🌺 Elm als Bachblüte:

Menschen, die Elm brauchen, sind tatkräftige, schaffensfrohe, positiv gestaltende Menschen mit großer Durchsetzungskraft, die einen deutlichen Leistungsknick erleben und mit unbekannten Erschöpfungszuständen zu kämpfen haben.

Aufkommende, leichte Depressionen lassen nach dem Sinn des Schaffens fragen, und ein Gefühl des Versagens und der Mutlosigkeit kann sich breit machen. Es gilt neu auszuloten, wo sich die Grenzen der Belastbarkeit befinden und bis wohin die Leistung einen Sinn für das eigene Leben ergibt.

Die Elm-Typen müssen den festgestellten Einbruch als Warnsignal begreifen und sofort nach Möglichkeiten einer Änderung in der Lebensweise suchen. Als Mensch, der in der Realität lebt und diese gestalten kann, dürfte dies kein unlösbares Problem sein.

Menschen mit übertriebenem, ungesundem Ehrgeiz müssen jetzt radikal ihr Leben überdenken, sonst droht aus dem vorübergehenden Leistungsknick ein echtes gesundheitliches Problem zu werden.

Gruppe IV, Realitätsprobleme, Depressionen

Heilstein mit der gleichen Wirkungsfrequenz wie Elm:

11. Chrysopras

Sein Name bedeutet im griechischen „Goldener Lauch" und wird seit dem 18. Jahrhundert nur noch für den grünen Calcedon verwendet.

Er gehört zu der Gruppe der Quarze. Der Name „Südpazifik-Jade" hat sich nicht durchgesetzt. Chrysopras entstand dort, wo sich Nickelerze bildeten, die sich mit Kieselsäure verbanden. So entstand die grüngelbe Farbe. Es ist ein nickelhaltiger Chalcedon. Bei ihm gibt es keine Kristallbildung, sondern winzige, kleine Fasern. Er glänzt wie Wachs.

Stichwort:
Vorübergehende Erschöpfung, Mutlosigkeit, Selbstzweifel

Wer im Elm-Zustand ist, braucht als Hilfe einen Chrysopras. Sein Problem ist die Erschöpfung und die Überforderung durch zu hoch gesteckte Ziele. Der Überblick ist verloren, das Selbstvertrauen beschädigt und Selbstzweifel nagen an der Psyche, denn die Wirklichkeit wurde falsch eingeschätzt. Eine leichte Depression ist nicht ungewöhnlich.

Aus der Überlieferung:

Schon bei den Griechen galt der Chrysopras als der Stein, der bei Depressionen und psychischen Problemen hilft. Körperlich fördert er die Entschlackung des Körpers. Gerade Ablagerungen in den Adern soll er auflösen und das Herz und die Herzkranzgefäße schützen. Auch bei Vergiftungen durch Medikamente ist er hilfreich.

Es ist der Stein, der Ruhe und Gleichgewicht für die Seele schafft. Er schenkt Vertrauen, Ausgeglichenheit, Zufriedenheit und innere Gelassenheit. Er hilft mit, negative Geisteshaltungen aufzulösen. Alpträume verlieren mit ihm als Bettbegleiter ihre wiederkehrenden Schrecken.

Besonders mit dem Bergkristall zusammen bringt er abends die notwendige und wohltuende Schlafbereitschaft.

Gruppe IV, Realitätsprobleme, Depressionen

12. Gentian

Der in England heimische Herbstenzian (Gentiana amarella), eine der etwa 180 Enzian-Arten, ist eine trichterfömige, blaue Herbstblume, durch ihre Bitterkeit auch als „Gallwurz" bekannt. Er ist zweijährig und blüht von August bis Oktober.

Gentian wirkt auf jeden Fall antiseptisch. Seit der Antike kennt man die Enziane als Gegengifte und wurmtreibende Mittel. Die Wurzel senkt Fieber und regt den Fluß der Galle an. Die gemahlene Wurzel mit Wein vermischt, verjagt Magenverstimmung und allgemeine Müdigkeit.

Bei uns hat die Schnapsbrennerei mit dazu beigetragen, daß der Enzian fast ausgerottet wurde. Als Mittel zur Verdauung ist er bis heute noch hoch geschätzt.

❦ Gentian als Bachblüte:

Wer Gentian braucht, gehört zu den Pessimisten, zu den Enttäuschten und Mutlosen, zu den Schwarzsehern, zu denen, die das Vertrauen und den Glauben verloren haben. Das Leben ist „schief" gelaufen, die Zielvorgaben konnten nicht eingehalten werden und nun steht man, vielleicht voller Melancholie oder gar Depression vor dem, was nicht gelungen ist. Mangelndes oder gar verlorenes Vertrauen zu sich selbst und Selbstzweifel kennzeichnen die Situation.

Die Gründe können durchaus reale Situationen sein, die es, nach einer Zeit der Trauerarbeit, neu zu bewerten gilt. Dies ist sehr schwierig, aber durchaus möglich, wenn die grundsätzlich negative Einstellung verändert werden kann. Der negative Gedanke ist der Vorbote des negativen Handelns, und ewiger Pessimismus treibt uns zwangsläufig in das mißliebige Geschehen. Wer um dieses Prinzip weiß, kann den Teufelskreis umdrehen und beginnen, das kleine, positive Zeichen zu suchen, das er sicher mit Gentian findet.

Dieser hilft nicht nur in momentanen Situationen, die durch Mutlosigkeit gekennzeichnet sind, auch längere depressive Zustände lockern sich mit Gentian auf.

Gruppe III, Ich-Schwäche

Heilstein mit der gleichen Wirkungsfrequenz wie Gentian:

12. Baumachat

Er trägt seinen Namen wegen seiner moosähnlichen, grünen Einschlüsse. Es ist auch kein Achat, wie der Name sagt, sondern ein typischer weißer Quarz. Bei der Entstehung sind Eisensilikat-Verbindungen in sein Inneres gelangt, welche diese Struktur entstehen ließen.

Stichwort:
Lebenszweifel, Entmutigung

Wer im Gentian-Zustand ist, braucht als Hilfe den Baumachat, denn er ist der „ewige" Pessimist, der mutlose Mensch, jener, der das Vertrauen in das Leben verloren hat und immer mit dem Schlimmsten rechnet.

Da ständig das Negative gesucht wird, ist es natürlich immer nahe.

Aus der Überlieferung:

Der Baumachat ist als Heilstein nur aus Indien überliefert. Er wird dort heute noch als Schutzstein getragen.

Bei uns ist er relativ selten, gerade auch, weil er nicht zur Schmuckherstellung verwendet wird. Die Inder kombinierten ihn mit einem Bergkristall, um besser in die Gefühlsebene eindringen zu können, welche uns die Einheit mit allem Lebendigen, mit dem Kosmos beschert.

Der Baumachat gibt uns die Kraft und Stärke, welche das Bewußtsein braucht, um positiv an eine Sache heranzugehen. Körperlich unterstützt er mit seinen weichen Schwingungen das gesamte Nervensystem und hilft diesem und der Psyche, das gestörte Gleichgewicht wiederzufinden. Dies heißt in diesem Falle, daß wir in die Lage versetzt werden, uns selbst und unser Verhältnis zum Lebendigen, zum Leben, zur Erde auf eine neue, positive Basis zu stellen. Nur wenn wir unsere Verbundenheit zur Mutter Erde und zum Kosmos, von dem wir ja ein Teil sind, wieder aufbauen, können wir auch das Vertrauen zu uns selbst wieder erlernen.
Der Baumachat will uns helfen, das im Laufe der Jahre verlorengegangene frohe und starke „Ich" wiederzufinden und damit den Weg zu unserem positiven Selbst neu zu erlangen.

Gruppe III, Ich-Schwäche

13. Gorse

Der Stechginster (Ulex europaeus) mit seinem würzigen Geruch beeindruckt vor allen Dingen durch seine unwahrscheinlich gelbe Blütenpracht.

Die Kelten schätzten diesen Busch sehr. Er ist eine Pionierpflanze, die anderen, jungen Pflanzen und keimenden Bäumchen guten Schutz bietet, bis diese dann den Ginster ablösen.

Stechginster findet in der Volksmedizin kaum Anwendung. Hier gebrauchte man den Besenginster, besonders bei zu niedrigem Blutdruck und zur Regulierung des Herzschlages.

❀ Gorse als Bachblüte:

Menschen, die Gorse brauchen, haben sich oft aufgegeben, sind voller Resignation, innerer Müdigkeit und dem Schicksal ergeben.
Sie haben nicht nur das Vertrauen in die Welt, sie haben auch das Vertrauen in sich selbst verloren und oft kennzeichnet die Hoffnungslosigkeit ihr Dasein. Dies kann immer dann passieren, wenn man sich ein Bild, eine Vorstellung von der Wirklichkeit gemacht hat und diese imaginäre Vorstellung für die Wirklichkeit hält, die es mit allen verfügbaren Mitteln zu verteidigen gilt. Es ist dies der ungleiche Kampf gegen die berühmten Windmühlen, der niemals gewonnen werden kann, weil sich das tatsächliche Leben nicht in eine Einbildung zwängen läßt.

Der Kampf um die Erhaltung der Illusion kann die dramatischsten Formen annehmen. Es gibt Menschen, die lieber ihr Leben opfern als ihre vorgefaßte Meinung davon, wie es zu sein hat.

Bei den Gorse-Typen schlägt dieser Seelenzustand natürlich irgendwann auf den Körper und schafft sich selbst die Krankheiten, welche die Hoffnungslosigkeit noch weiter antreibt. In diesem Kreislauf werden die Chancen der Gesundung immer geringer. Außenhilfe ist hier dringend geboten, denn nur das Durchschlagen des Knotens kann Licht in das qualvolle Dunkel bringen.

Gruppe IV, Realitätsprobleme, Depressionen

Heilstein mit der gleichen Wirkungsfrequenz wie Gorse:

13. Milchquarz

Milchquarz ist weißer Quarz und kommt häufig am Fuß der Bergkristalle vor. Er wird also hauptsächlich dort gefunden, wo Bergkristalle sind. Er wird oft abwertend als „gemeiner" Quarz bezeichnet.
Wir wissen jedoch, daß auch er bestimmte heilende Eigenschaften besitzt.

Stichwort:

Hoffnungslosigkeit, totale Resignation

Wer im Gorse-Zustand ist, braucht als Hilfe einen Milchquarz.
Er ist im psychischen Zustand der absoluten Ratlosigkeit, der Resignation und des Rückzuges.

Der aktive Lebenswille ist nicht mehr vorhanden und ein weiterer Kampf wird nicht mehr aufgenommen. Es könnte die schwerste Lebenskrise überhaupt sein.

Aus der Überlieferung:

Der Milchquarz ist ein recht unscheinbarer Stein, dem aber große Wirkungen auf die Blutfette und die Hormone nachgesagt werden. Auch das Fett um das Herz und andere Organe soll sich mit seiner Hilfe lösen. Er gilt als der Stein gegen einen zu hohen Cholesterinspiegel!

Für die Seele werden ihm ausgezeichnete Qualitäten zum Erreichen des inneren Friedens nachgesagt.

Das Zusammengehörigkeitsgefühl von Körper, Geist und Seele stärkt er hervorragend. Wenn wir ihn meditativ betrachten, steigt in uns uraltes Wissen auf, das wir längst verloren glaubten und stärkt unser inneres Selbst. Überhaupt können wir mit ihm in Tiefen eintauchen, die wir bis jetzt nicht kannten. Von dort kann Hilfe und neue Stärke kommen, Stärke von einer anderen, neuen Qualität, die von innen nach außen geht.

Gruppe IV, Realitätsprobleme, Depressionen

14. Heather

Das gemeine Heidekraut (Calluna vulgaris), die Besenheide, ist nicht höher als 40–50 cm und bedeckt ganze Landschaften in Europa.
Es sind oft unfruchtbare Gegenden, sandige Lebensräume, wo allenfalls noch Kiefernarten gedeihen. Jede dieser Pflanzen hat unglaublich viele, verzweigte Nebenwurzeln, so daß sie zusammen eine richtiggehende Verfilzung auf der Bodenoberfläche bilden, die jedes Wassertröpfchen aufsaugt und speichert. Die Waldbauern gebrauchten diesen Teppich aus Wurzeln als Streu für ihre Tiere. Er war Ersatz für das fehlende Stroh.
Von der Heide gehen Einsamkeit und Stille aus. Sie lässt die Hektik und den Lärm der Menschheit weit hinter sich.

In der Volksheilkunde wird die blutreinigende Kraft des Tees aus Heidekraut geschätzt. Durch die reichliche Gerbsäure wirkt Heide antiseptisch. Sie wird zur Desinfizierung von Harn, Niere und Blase benutzt.

❦ Heather als Bachblüte:

Wer Heather braucht, ist in der Regel ein eitler und geltungsbedürftiger Mensch, der mit großer Dominanz nach Gesellschaft verlangt.
Dieser Typ kann niemals alleine sein. Er geht in Bewunderung vor sich selbst auf. Sein Hunger, ja seine Gier nach Zuneigung und das damit verbundene, egozentrische Geschwätz geht allen anderen Mitmenschen auf die Nerven.

Heather-Typen sind keine angenehmen Gesellschafter. Ihre tief verwurzelten Minderwertigkeitsgefühle machen sozusagen einen Kopfstand und äußern sich in übersteigerter Geltungssucht.

Dazu kommt noch die ständige Angst, seine Zuhörer, die man mit Freunden gleichsetzt, zu verlieren. Vor lauter Panik wird dann noch mehr geredet.

Da auf diese Art niemals eine Beziehung aufgebaut werden kann, treibt sich der solcherart agierende Mensch unweigerlich selbst in die Isolation, welche er unter allen Umständen vermeiden will.

Die Flucht in die eingebildete Krankheit kann auch hier ein verzweifelter letzter Versuch sein, um sich die gesuchte Zuwendung zu erzwingen.

Gruppe I, Angst, Ängstlichkeit

Heilstein mit der gleichen Wirkungsfrequenz wie Heather:

14. Aquamarin

Aquamarin ist eine berylliumhaltige Mineralie. Bis zum Mittelalter war er als blauer oder grüner Beryll bekannt.

Ein wichtiger Mineralstoff des Aquamarin ist das Eisen, welches für die bläuliche Farbe verantwortlich ist.

Das Wort „Brille" kommt daher, denn die Berylle wurden zur Hilfe bei Augenleiden verwendet. Aquamarin bildet sechseckige Kristalle, die gestreckt bis nadelspitz sind. Er glänzt wie Glas.
Die Farbe des Aquamarins geht von blaßblau bis meergrün.

Stichwort:

Egozentriker, Hypochonder mit der Suche nach Bestätigung

Aus der Überlieferung:

Dieses Mineral schenkt dem Träger Weitsicht, damit er die neuen Wege finden kann, um sein geistiges Wachstum zu fördern.

Bei den antiken Griechen war er als Stein begehrt, der besonders das eheliche Glück zu schützen half. Ebenfalls bei den Römern war dieser „Meerwasser-Stein" (Aqua ‚Wasser' und Mare ‚Meer') ein begehrter Heil- und Amulettstein.

Aquamarin soll vor allem das Selbstbewußtsein heben und die eigene, echte Sicherheit stärken.

Defizite im eigenen Ausdrucksvermögen hilft er zu erkennen.
Dem Aquamarin wird die Fähigkeit der Zielstrebigkeit zugeschrieben.
Er hilft, Begonnenes zu Ende zu führen und Widerstände zu besiegen.

Es ist der Stein, mit dem man das eigene Verhalten, das man als negativ erkannt hat, verändern kann.

Als Stein der Klarheit, wie er oft genannt wird, hilft er uns, unsere irrigen Verhaltensweisen als solche zu erkennen.

Gruppe I, Angst, Ängstlichkeit

15. Holly

Das englische Weihnachten wäre ohne glänzende, stachelige Holly mit ihren roten Beeren nicht denkbar.

Die Stechpalme (Ilex aquifolium) leitet ihren englischen Namen von holy ‚heilig' ab.

Es ist bei uns ein typisches Friedhofsgewächs, mit dem man früher wegen seiner Kratzfähigkeit die Kamine reinigte. Aus Holly war auch der „Zauberbesen", um böse Geister zu vertreiben.

Die mittelalterliche Kirche hat nun diesen Hexenbusch christianisiert und im deutschsprachigen Raum eine Palme daraus gemacht.
Es war dann der Palmbüschel, mit dem Jesus bei seinem Einzug in Jerusalem begrüßt wurde.

Aus einem Bestandteil des Wintersonnwendfestes aus vorchristlicher Zeit wurde der Helfer des Weihnachtsgeistes Santa Claus, der mit Holly seinen Segen brachte.

🌹 Holly als Bachblüte:

Der typische Holly-Vertreter ist ein unbeherrschter, jähzorniger Mensch, der tief mit seinem Leben unzufrieden ist. Seine schlechte Laune ist sprichwörtlich. Er wird beherrscht von negativen Gefühlen, die ihn nicht loslassen und ihn von innen zerfressen. Diese rufen Krankheiten hervor, die ebenfalls aggressiv sind wie schwere Infektionen, Fieber und Koliken.

Diese Menschen sind gleichzeitig überempfindlich und wittern hinter jeder harmlosen oder scherzhaften Bemerkung gleich „Verrat" oder eine versteckte Beleidigung.

Auch grundlose oder übertriebene Eifersucht gehört hierher, die in ihrer tiefen Irrationalität stabil scheinende Beziehungen zerstören kann.

Wohl hat man als Kind oder als junger Erwachsener schon viel Enttäuschung erlebt oder ist benutzt oder ausgenutzt worden.
Nun ist die Angst groß, weiter verletzt zu werden.

Holly hilft, sich zu öffnen, um die Verletzungen zu verarbeiten.
Er ist ein Helfer, um einen neuen, positiven Lebensweg zu beginnen.

Gruppe II, Egozentrik, negatives Sozialverhalten

Heilstein mit der gleichen Wirkungsfrequenz wie Holly:

15. Aventurin

Er heißt eigentlich Aventurinquarz. In ihm sind sogenannte „Mineralschüppchen" gelagert.

Er entstand meist so, daß sich Glimmer in dem entstehenden Quarz niedergelassen hat. Oft ist noch etwas Hämatit dabei. Er bildet keine Kristalle, da die Einlagerungen die Gitterbildung stören.
Die Farbe variiert je nach Mineraleinschlüssen von orange bis rot.

Aventurin-Feldspat ist der „Sonnenstein", Blauer Aventurin ist Blauquarz.

Stichwort:

Mißtrauisch, argwöhnisch, mangelndes Grundvertrauen

Wer im Holly-Zustand ist, braucht als Hilfe einen Aventurin.

Er ist oft unbeherrscht, ein Choleriker, der überall die schlechte Absicht wittert und dem es stark an Vertrauen mangelt.

Vorherrschend sind negative Gefühle, von Minderwertigkeitskomplexen angetrieben: Eifersucht, Neid, Unzufriedenheit, die Angst, übervorteilt zu werden, manchmal sogar blanker Haß.

Sieht der Holly-Typ, wie Mitmenschen mit ihren Sorgen und Problemen nicht fertig werden, kann grinsende Schadenfreude aufkommen.

Aus der Überlieferung:

Im klassischen Griechenland gab der Aventurin seinem Träger Mut. Sein Optimismus sollte gesteigert werden. Auch konnte man mit ihm die falschen Freunde von den echten unterscheiden!

Bei körperlichen Beschwerden wurde er getragen, um Akne und Hautprobleme zu beseitigen.

Seine Hauptwirkung für die Psyche sah man jedoch in der Befreiung von tief in der Seele liegenden Störungen, die oft schon seit der frühen Kindheit vorhanden sind und den Menschen stark blockieren. Er hilft, diese Spannungen zu mildern und wandelt die vorhandene starke negative Kraft in positive um.

Gruppe II, Egozentrik, negatives Sozialverhalten

16. Honeysuckle

Das Geißblatt oder das Jelängerjelieber (Lonicera caprifolium) ist eine schlanke, hochwachsende Liane. Veredelt ist sie eine wunderschöne Kletterpflanze. Aber auch die Wildform ist von unnachahmlicher zarter Schönheit. Zu erwähnen ist ihr intensiver nächtlicher Duft. Ihre röhrigen Blüten zeigen sich weiß, elfenbein, rosa bis rot.

Das Geißblatt, das andere Gewächse in seiner schüchtern blühenden Schönheit eng umwindet, galt im Mittelalter als mit Liebeszauber verhaftet. In der Volksmedizin wurden Rinde und Blätter zur Entgiftung verwendet. Sie sind harn- und schweißtreibend.

❦ Honeysuckle als Bachblüte:

Wer Honeysuckle braucht, hat ein Vergangenheitsproblem, das noch nicht bewältigt wurde. Er wird von Erinnerungen beherrscht und entflieht der neuen Realität.

Sei es die erzwungene Trennung von einem Partner, sei es ein eigentlich nicht gewollter Ortswechsel. Die Gegenwart, das gegenwärtige Sein wird schwer wahrgenommen, da man in Erinnerungen versunken ist.

Dazu kommt, wie das Sprichwort sagt, daß aus Dornen Rosen der Erinnerung werden und dem Traum vom vergangenen Glück viele Realitätsmomente fehlen: Es war nicht alles besser, schöner und es war nicht das reine Glück, damals. Die Phantasien über die Vergangenheit zeigen, daß viel Arbeit an der Realität geleistet werden muß.

Diese Art von Realitätsflucht, durchaus von einem realen Ereignis ausgelöst, kann direkt in die Appetitlosigkeit, in die Flucht in den Schlaf, in den Alkoholismus oder in die Depression führen.

Der Mensch, der Honeysuckle braucht, hat eine tiefe Angst vor Veränderung; er würde alles gerne so belassen, wie es ist. Die Sehnsucht nach Vergangenem kann so tief und irreal sein, daß sie alles in die Tiefe der Depression zieht. Gegenwärtiges wird schwer wahrgenommen und Glück als solches nicht mehr gespürt.

Der wichtigste Grundsatz des Lebendigen muß hier, oft in aller Not, gelernt werden, nämlich der, daß nichts bleibt, daß alles fließt und daß nur eines auf Erden sicher ist: die Veränderung.

Gruppe IV, Realitätsprobleme, Verdrängung

Heilstein mit der gleichen Wirkungsfrequenz wie Honeysuckle:

16. Roter Jaspis

Jaspis ist ein bunter, durchsichtiger Quarz. Es gibt ihn in einer großen Vielfalt von Farben und Farbkombinationen. Er wird auch Schweizer Jade genannt. Es gibt ihn als braunen, bunten, gelben, roten, grünen, violetten und schwarzen Jaspis und als Kugeljaspis.

Stichwort:
Vergangenheitsorientierung, Ablehnung der Realität

Wer im Honeysuckle-Zustand ist, braucht als Hilfe einen roten Jaspis, denn er wird von Erinnerungen beherrscht, von Heimweh an vergangene Zustände, Personen, Orte. Eine Trennung, gleich welcher Art, konnte nicht verarbeitet werden. Die Trauer steht noch aus oder hat gerade begonnen.

Aus der Überlieferung:

Der rote Jaspis ist ein seit Urzeiten verehrter „heiliger" Stein. Er gehörte in alten Zeiten zu den großen Kostbarkeiten.

Für die Juden war der rote Jaspis der erste Grundstein, auf dem das neue Jerusalem erbaut wurde. Die Griechen sahen in ihm einen Stein großer Harmonie. Er sollte auch den Frauen zu einer glücklichen Schwangerschaft verhelfen.

Für die Römer war der rote Jaspis ein wichtiger Schutzstein, der in der Lage war, böse Geister zu vertreiben.

Gibt man den alten, bösen Geistern verständlichere Namen, dann können wir sie noch heute spüren und wir brauchen eine starke, positive Orientierung, um ihnen zu begegnen. Zum Beispiel den Geistern, die uns zurück in eine realitätsferne Vergangenheit ziehen wollen, in Zustände der Lähmung, der Träume und der Schwermut.

Mit dem roten Jaspis sollen wir spüren, wie sich die Seele von ihrer verkrampften Traurigkeit löst und Platz schafft für neue Werte und ein neu anzupackendes Leben.

Nach dem Ausleben der Trauer ist Platz für eine neue Energie des Seins, für „kosmische" Energie, für „Lebensenergie" und damit für ein neues, tief empfundenes Glück. Vielleicht ist es das erste Glück überhaupt, das man als solches bewußt und voller Dankbarkeit wahrnimmt.

Gruppe IV, Realitätsprobleme, Verdrängung

17. Hornbeam

Die Hainbuche (Carpinus betulus) sieht der Buche sehr ähnlich, ist aber mit höchstens 20 bis 25 Meter Höhe wesentlich kleiner und gehört zu den Haselnußgewächsen. Wie die Hasel trägt auch sie Kätzchen und wurde vom Menschen als Heckenpflanze ausgewählt. Unter den Gärtnern Ludwig XIV wurde die Hainbuche in den künstlich zurechtgestutzten Gärten von Versailles in Vollendung umgestaltet.

Die Hainbuche strahlt große Kraft aus, zudem ist ihr Holz „knochenhart", so daß man aus ihm Hackklötze, Stiele, Zahnräder usw. gefertigt hat.

Mit Wünschelruten aus der Hainbuche konnte man Erze und Gold finden.

❦ Hornbeam als Bachblüte:

Wer Hornbeam braucht, ist oft überfordert. Er beginnt müde und lustlos den Tag und wäre am liebsten überhaupt nicht aufgestanden.

Das Gefühl, alles nicht bewältigen zu können, ist so stark, daß man am liebsten den Tag nicht angefangen hätte.

Die Ursache kann tatsächliche Überlastung sein. Man krümmt sich geradezu unter dem Bündel, das man sich aufgeladen hat. Es ist zu groß geworden, man kann es nicht mehr integrieren.

Vielleicht hat man etwas angestoßen, was man nun nicht mehr übersehen und handhaben kann.

Eine andere Ursache kann genau gegenteiliger Art sein:

In der alltäglichen Routine, in der täglich gleichen Arbeit ist keine Befriedigung mehr zu finden. Keine Selbstverwirklichung ist möglich und eine positive Weiterentwicklung findet nicht statt.

Wenn der Morgen ohne jede Perspektive beginnt, dann hilft außer Hornbeam nur die Überlegung, wo und wie Veränderung angesagt ist, denn niemals dürfen Zustände, die das Leben unerträglich machen, hingenommen werden.

Gruppe IV, Realitätsprobleme, Depressionen

Heilstein mit der gleichen Wirkungsfrequenz wie Hornbeam:

17. Dumortierit

Der Dumortierit mit seinen verschiedenen Blau-Schattierungen bis hin ins Violette ist ein Aluminium-Silikat, das reich an Mineralien ist. Mangan, Zink und Eisen sind stark vertreten und geben ihm seine Farbe.

Stichwort:

Erschöpfung, Kraftlosigkeit, Mangel an Antrieb

Wer im Moment im Hornbeam-Zustand ist, braucht als Hilfe einen Dumortieriten.

Er beginnt müde und lustlos den Tag und würde bereits in der Frühe lieber „guten Abend" als „guten Morgen" sagen.

Er weiß, daß die Arbeit bzw. der Tagesinhalt keine Befriedigung bringt. So macht diese grundsätzliche negative Haltung auch den kleinsten positiven Ansatz zunichte. Dieser wird schon gar nicht gefunden, denn was man nicht sehen will, das gibt es auch nicht.

Aus der Überlieferung:

Der Dumortierit gilt als der „Fieberstein", denn er hat fiebersenkende Eigenschaften. Überhaupt ist er gut gegen Entzündungen im Innern des Körpers. Selbst Neuralgien durch Nervenentzündungen hilft er zu dämpfen. Andere Schriften verweisen auf seine harmonische Wirkung auf Drüsen, insbesondere der Schilddrüse.

Weitere Stichworte sind „Konzentrationsfähigkeit", „Verantwortungsbewußtsein", „Ausgeglichenheit".

Mit dem Dumortieriten steigt das Selbstbewußtsein und damit die Kraft, gegen die allgemeine Lähmung, die Körper und Seele ergriffen hat, aktiv anzugehen.

Die Verbindung des Menschen zu einer sinnvollen und befriedigenden Tätigkeit wird mit seiner Hilfe wieder hergestellt. Ein gutes Körpergefühl, vereint mit einer positiven Einstellung zum eigenen Ich gibt die Kraft, das Steuer herumzureißen. Dies kann heißen: Verantwortung abladen oder eine sinnvolle Verantwortlichkeit beginnen.

Gruppe IV, Realitätsprobleme, Depressionen

18. Impatiens

Das Springkraut (Impatiens glandulifera) ist ein ungewöhnliches, gut ein bis zwei Meter hoch wachsendes fleischfarbenes Kraut mit wunderschönen Blütenständen. Ist der Samen reif, bedarf es nur eines winzigen Stupsens mit der Fingerspitze, schon schleudert die Pflanze ihn gut einen Meter weit von sich, wobei sich die Fruchtblätter blitzartig rückwärts einrollen.

Abgekocht gibt es für Kraut und Blüten äußerliche Anwendungen gegen Schwellungen, Insektenstiche und Hämorrhoiden. Auch Pilzinfektionen sollen zurückgehen.

❦ Impatiens als Bachblüte:

Wer Impatiens braucht, ist ein sehr leistungsfähiger Mensch mit großem Vertrauen in sich selbst und seine eigenen Fähigkeiten.
Seine Selbstsicherheit und sein rasches Reaktionsvermögen gründen auf Sachkenntnis, Zuverlässigkeit und Kompetenz. Dem Impatiens-Typ kann nichts schnell genug gehen. Bevor andere sich die Augen reiben, hat er die gestellte Aufgabe schon erledigt und packt die nächste an. Das macht ihn für seine Umgebung oft unheimlich. Hier ergeben sich die nicht ausbleibenden Probleme mit den Mitmenschen.

Da diese für ihn meist zu langsam sind und er besonders geistige Trägheit überhaupt nicht ausstehen kann, ist er oft gereizt, nervös und ungeduldig. Kommt eine cholerische Ader hinzu, so ist der Dauerkonflikt vorprogrammiert.

Der Impatiens-Typ arbeitet deshalb am liebsten allein. Seine Neigung zur Hektik und zur Ruhelosigkeit ist unübersehbar.

Wenn man hohe Leistung nicht nur fordert, sondern auch selbst bringt, ist die Gefährdung, der Leistungsknick, der Zusammenbruch nicht weit. Bluthochdruck, Herz- oder Magenbeschwerden bleiben nicht aus.

Außer Impatiens, welche die fehlende Geduld bringt, helfen sicherlich meditative Übungen und die Beschäftigung mit jenen Dimensionen, welche man in der Hektik des Broterwerbes so leicht übersieht.

Gruppe II, Egozentrik, Intoleranz

Heilstein mit der gleichen Wirkungsfrequenz wie Impatiens:

18. Onyx

Onyx ist ein schwarzer Chalcedon und besteht aus Kieselsäure-Lösungen, die Mangan und Eisen enthalten. Trocknet die Kieselsäure aus, bilden sich schwarze Füllungen im Gestein. Er ist mit schwarzem Flint zu verwechseln. Dieser ist mineralogisch und heilkundlich dem Onyx sehr ähnlich. Der Onyx bildet keine Kristalle, sondern winzige kleine Fasern. Er glänzt wie Wachs oder Seide.

Stichwort:

Ungeduldig, oft gereizt, sehr leistungsfähig

Wer im Impatiens-Zustand ist, braucht als Hilfe einen Onyx.

Er ist ein sehr ungeduldiger Mensch, der es seiner Umgebung sehr schwer machen kann. Er arbeitet ständig mit Hochdruck und kann kaum im Team mitarbeiten. Seine Ruhelosigkeit und sein hektisches Verhalten machen ihm selbst zu schaffen.

Aus der Überlieferung:

Der schwarze Onyx war einer der wichtigsten Heilsteine in der Antike. Die Indianer kannten ihn als besonderen Schutzstein, ebenso die Römer.

Er ist ein sehr intensiv strahlender Stein, der tief in unsere Seele dringt und die dort sitzenden Blockaden beseitigen soll.

Der Stein stärkt besonders die positive Leistungskraft und Leistungsfähigkeit, weil er die gestörte Harmonie zwischen Seele und Körper wiederherstellen soll. Dies stärkt die Organe und bringt Gesundheit.

Onyx schenkt nüchterne Realität und fördert das Denken. Wie alle Steine aus dem Chalcedon-Bereich hilft er, das Immunsystem zu stärken.

Die Schutzwirkung des Onyx auf den Menschen verstärkt sich, wie schon beim schwarzen Turmalin, wenn man ihn zusammen mit einem Bergkristall trägt.

Gruppe II, Egozentrik, Intoleranz

19. Larch

Die Lärche (Larix decidua) ist ein Kieferngewächs. Sie ist der einzige Nadelbaum in Europa, der im Herbst wie die Laubbäume seine „Blätter" abwirft. Seine Nadeln sind nicht hart, sondern weich und angenehm.

In der Volksmedizin ist es das Lärchenharz, welches keimtötend, wundheilend und schleimlösend wirkt.

Der Sud der Nadeln ist sehr wohltuend als Badezusatz. Er beruhigt die nervöse Haut und wirkt wohltuend auf die Psyche.

Die Lärche, ein Baum des Gebirges, der bis in über 2000 Meter Höhe wächst, wurde erst im 17. Jahrhundert nach England gebracht. Seitdem gedeiht die Lärche auch dort hervorragend.

❀ Larch als Bachblüte:

Was dem Menschen fehlt, der Larch braucht, ist Selbstvertrauen. Es ist der schüchterne, oft einsame Mensch, der lieber kein Wort sagt als eins zuviel, der nicht auffallen möchte, weil nichts schlimmer für ihn ist, als im Mittelpunkt zu stehen.

Dieser Typ Mensch hält den Mißerfolg für unausweichlich, deshalb wagt er sich kaum aus seinem Schneckenhaus hervor.

Dies alles kann in vielen feinen Abstufungen bis hin zum Minderwertigkeitskomplex gehen.

Das mangelnde Selbstvertrauen führt dazu, daß eigene Meinungen und Standpunkte auch schwach vertreten werden, so daß andere Menschen gern die Chance nutzen, um den Larch-Typen zu übervorteilen oder um sich selbst ins bessere Licht zu rücken.

Bei plötzlichen Lebenskrisen, welche sich zu tatsächlichen Erschütterungen ausweiten können, wie das Ende einer Partnerschaft, große finanzielle Probleme oder schwere Krankheit, kann sich selbst der seelisch stabilste Mensch plötzlich als Larch-Typ wiederfinden.
Er braucht dann viel neues Selbstvertrauen, um aus der gänzlich unerwarteten Situation herauszufinden.

Gruppe III, Ich-Schwäche

Heilstein mit der gleichen Wirkungsfrequenz wie Larch:

19. Schneeflockenobsidian

Obsidiane bestehen aus vulkanischem Gesteinsglas. Es ist – wie Glas – erstarrte Schmelze ohne kristalline Strukturen. Durch das schnelle Erstarren trennen sich die Inhaltsstoffe nicht. Er ist deshalb ein Gemisch verschiedener Mineralien je nach Herkunftsort. Bekannt sind Schwarzer Obsidian, Rauch-, Gold-, Silber-, Regenbogen-, Mahagoni- und Schneeflockenobsidian. Sie alle zählen zu den Gesteinen, nicht zu den Mineralien.

Stichwort:
Wenig Selbstvertrauen, Mutlosigkeit, Versagensängste

Wer im Moment im Larch-Zustand ist, braucht als Hilfe einen Schneeflockenobsidian. Die Probleme sind die Minderwertigkeitsgefühle und das mangelnde Selbstvertrauen. Man wartet nur darauf, daß etwas, das man begonnen hat, mißlingt. Und das tut es dann in der Regel auch. Dazu kommt die Angst, sich lächerlich zu machen. Deshalb schiebt man oft notwendige Dinge auf die lange Bank, anstatt sie mutig anzupacken.

Aus der Überlieferung:

Der Schneeflockenobsidian soll besonders gegen in den Körper eindringende Pilze, Viren usw. helfen. Er dient insbesondere dazu, das körpereigene Abwehrsystem zu stärken.

Durch den Schneeflockenobsidian soll die Produktion von Anti-Körpern gestärkt werden. Ebenso soll er den Verdauungsorganen helfen.

Positive Wirkung hat er auf das klare, logische Denken, das mit seiner Hilfe eine stärkere Funktion einnimmt.

Durch zusätzliche Stärkung der Konzentration können die wichtigen Fragen des Lebens besser angegangen werden.

Durch vermehrtes reales Denken und Handeln steigt auch der Mut, etwas anzupacken oder zu beginnen. Das Vertrauen zu sich selbst kommt Stück für Stück zurück!

Es wird dringend empfohlen, gleichzeitig einen Bergkristall zu tragen bzw. eine Kristall-Spitze als Schlafstein zu verwenden.

Gruppe III, Ich-Schwäche

20. Mimulus

Die gefleckte Gauklerblume (Mimulus guttatus) mit ihren schreiend gelben Blüten gibt es seit Beginn des 19. Jahrhunderts auch in Europa. Ihre Blütezeit ist vom Frühling bis zum Herbst.

Mimulus ist eine botanische Besonderheit: Ihre geteilte Narbe steckt sie wie eine Zunge aus der Blüte. Wird diese von einem Insekt oder von einem Staubkorn berührt, klappen beide Teile blitzartig zusammen. In der Volksheilkunde ist über diese Pflanze nichts bekannt.

🌺 Mimulus als Bachblüte:

Mimulus ist die Bachblüte gegen das Ängstlich-Sein schlechthin. Nicht die tiefsitzende Existenzangst ist hier angesprochen, sondern das oberflächlich erscheinende „Angst-haben" vor allem und jedem, das Übervorsichtig-Sein, das ständig auf „Nummer sicher" gehen. Es ist diese nervenzehrende Ängstlichkeit, die jede Lebensfreude nimmt: Angst vor Kälte oder Angst vor Hitze, Angst vor Dunkelheit oder Angst vor Helligkeit, Angst vor der Zukunft, Höhenangst und Tiefenangst.

Man könnte auch sagen, dies sei eine Überempfindlichkeit gegen alles, was nicht einen behüteten, wohlgeordneten und gegen alles abgesicherten Lebensweg geht. Und diesen Weg gibt es nun einmal nicht!

Das Leben ist nicht so, wie wir es gerne mit unseren Empfindlichkeiten und unseren Befindlichkeiten konstruieren würden.

Der Mimulus-Typ hat mangelndes Selbstvertrauen, knüpft dadurch schlecht Kontakte, ist oft einsam und kann sich schwer durchsetzen. Er „verkauft" sich schlecht, wie man so sagt.

Das „Ich-bin-ja-so-sensibel"-Versteck, in das man sich gerne flüchtet, nutzt nichts, denn dieses Verhalten ist keine Sensibilität, sondern eine Hemmung.

Mit Mimulus zusammen und einem Hämatit in der Tasche sollte man sich auf den Weg machen und Ursachenforschung betreiben.

Vielleicht wird man verdutzt feststellen, daß der Grund der Ängste nicht draußen in der Welt, sondern drinnen in mir ist. Vielleicht kommt man auch den Gründen der Ängste auf die Spur.

Gruppe I, Angst, Ängstlichkeit

Heilstein mit der gleichen Wirkungfrequenz wie Mimulus:

20. Hämatit

Der Hämatit ist ein Eisenerz mit weiter Verbreitung und vielen Namen, u.a. Flußeisenstein, Glanzeisenerz, Roteisenstein, Spiegeleisen. Das Gestein mit Hämatitbildung heißt Eisenstein. Der Hämatit ist meist eine dichte Masse. Hämatit-Kristalle sind Specularit, in schuppiger Ausbildung heißt er Eisenglimmer.

Stichwort:

Ängstlichkeit, große Besorgnis

Wer im Moment im Mimulus-Zustand ist, braucht als Hilfe einen Hämatit. Es ist ein Mensch von sensibler Natur, der auf Grobheiten empfindlich reagiert. Sein Problem ist die Angst in ihrer Erscheinungsform als Ängstlichkeit. Auch ist die Neigung stark, Unannehmlichkeiten vor sich herzuschieben bzw. ihnen aus dem Weg zu gehen.

Aus der Überlieferung:

Der Hämatit, ein nicht magnetisches Eisenoxid, wurde schon Tut-Ench-Amun mit in sein Grab gegeben.

In Griechenland wurde er als göttliches Blut verehrt. Er ist seit dieser Zeit als „Blutstein" bekannt, denn das Eisen hat heilende Eigenschaften auf unser Blut. Er regt die vermehrte Bildung von roten Blutkörperchen an, so daß sich auch die Sauerstoffversorgung der Körperzellen verbessert. Hämatit wird seit tausenden von Jahren in vielen Kulturen zur Blutstillung und zur Heilung von Wunden verwendet.

Der Hämatit soll Spontaneität und Lebensfreude neu entfachen und Sorgen und Ängste nehmen. Es ist das Erz, welches Kraft und Leben spendet. Auch ist er da, um seelische Verkrampfungen zu lösen. Da Angst starke Verkrampfungen, auch körperliche, verursacht, ist der Stein eine gute Hilfe für ein freieres und unbeschwerteres Leben.

Gruppe I, Angst, Ängstlichkeit

21. Mustard

Der wilde Senf (Sinapis arvensis) aus der Familie der Kreuzblütler, gedeiht auf sehr kargen Standorten und hat einen hohen Öl- und Schwefelgehalt.

Die Volksmedizin kennt die antibakterielle Wirkung des Senfs, wenn er, im Mund zerkaut, äußerst scharf schmeckt. Bekannt ist das Senfmehl, das Senföl, die Senfsaat und die schmackhafte Senfblüte.

Als Hilfe zur Verdauung ist Senf lange bekannt. Schon die Römer unterschieden zwischen milden und scharfen Sorten.

🌸 Mustard als Bachblüte:

Wer Mustard braucht, leidet unter Depressionen, die scheinbar ohne erkennbaren äußeren Grund auftreten, einige Zeit, oft bis mehrere Wochen, verweilen und wieder so verschwinden wie sie kamen.

Diese plötzliche Traurigkeit ist nicht zu erklären. Bleiern schwer legt sie sich über den Menschen, lähmt ihn, macht ihn in jeder Richtung bewegungs- und antriebsunfähig und zieht ihn mit in ihre dunkle Tiefe.

Das Leben scheint in diesen Stunden und Tagen sinnlos; wie ein Film, der vom Menschen getrennt ist, läuft die Außenwelt ab, während das Versinken immer tiefer geht. Die Welt, „meine" Welt, ist dabei, unterzugehen. Der Mustard-Typ zieht sich in diesen Phasen ganz in sich zurück und wird zu einer Belastung für die Menschen seiner Umgebung.

Mustard kann nun helfen, den Horizont, den man verloren glaubte, wieder zu sehen und zu finden. An einer Neubewertung des Lebens, an einem Neubeginn, kommt der Betroffene aber nicht vorbei.

Ist die Depression überwunden, sollte man unbedingt und intensiv daran arbeiten und versuchen, die Gründe dieser psychischen Veränderung herauszufinden. Eine kompetente Gesprächstherapie ist hier unbedingt anzuraten.

Gruppe IV, Realitätsprobleme, Depressionen

Heilstein mit der gleichen Wirkungsfrequenz wie Mustard:

21. Rhodonit

Er hat seinen Namen aus dem Griechischen. Er bedeutet „Rose" und entstand durch Metamorphose mit manganhaltigem Ton. In seiner Erscheinung ist er meist eine dichte oder körnige Masse, meist rosa bis dunkelrot, manchmal bräunlich. An manchen Fundorten ist er mit gelblichen Adern durchzogen.

Stichwort:

Plötzliche Depression, Verzweiflung

Wer im Mustard-Zustand ist, braucht als Hilfe einen Rhodonit. Er ist in einem depressiven Zustand, dessen Ursache von außen meist nicht erkennbar ist. Dieser ist oft mit dem Wissen verbunden, daß das Leben radikal geändert werden muß, wenn es einen neuen Sinn ergeben soll.

Aus der Überlieferung:

Rhodonit ist seit altersher der Stein der Wandernden, der Reisenden, die ja vielfältigen Gefahren ausgesetzt waren. So gilt er bis heute als der Stein, wenn Veränderungen ins Haus stehen.

Immer, wenn man Altes zurückläßt und Neues angeht, stellen sich Vorbehalte und Ängste in den Weg.

Der Rhodonit gibt uns die Kraft, die wir brauchen, um einen neuen Lebensabschnitt zu beginnen. Daraus entsteht dann, nach Beginn des Wagnisses Freude und Zuversicht, was wiederum den neuen Weg positiv beeinflußt.

Von neuer Klarheit und Ausgewogenheit ist die Rede, wenn es um den Rhodonit geht und von Selbstvertrauen und Kraft.

So ist er auch ein ausgezeichneter Stein, der bei Prüfungen aller Art sehr hilfreich ist.

Gruppe IV, Realitätsprobleme, Depressionen

22. Oak

Die Eiche (Quercus robor) ist der heilige Baum Mitteleuropas. Er ist seit jeher den Göttern geweiht: dem Zeus, dem Jupiter und dem Donar, um nur drei der wichtigsten zu nennen.

Oft genug haben die Götter des Blitzes und des Donners in ihn eingeschlagen – er, der so gut auf unterirdischen Wasseradern gedeiht, die der Blitz grundsätzlich sucht, um sich zu entladen. Daß er überhaupt, wie die Weide, auf Wasser so einzigartig gedeiht, auf dem die anderen Bäume absterben, stellt eine Besonderheit dar.

Er ist das Symbol für Stärke, für den Sieg und für die männliche Kraft, für Treue, für Kampfesmut und so fort. Die „deutsche" Eiche wurde kurze Zeit gar zum Symbol eines ganzen Volkes. Der Baum kann eintausend Jahre alt werden.

❧ Oak als Bachblüte:

Wer Oak braucht, ist eine willensstarke Kämpfernatur, die niemals aufgibt, mag es noch so schlimm kommen. Das angestrebte Ziel muß mit dem Einsatz aller Kräfte erreicht werden. Trotz Rückschläge wird durchgehalten, diszipliniert und zuverlässig weiter auf das Ziel zugearbeitet.

Wenn hier ein starker Ehrgeiz oder der innere Zwang zur Pflichterfüllung als verstärkende Triebkräfte hinzukommen, ergibt dies oft den Menschen, der unter seiner Last zusammenbricht.

Dauerstreß schafft eine untragbare Situation, in der eine Entspannung nicht mehr möglich ist.

Am Körper ist dies als Dauerverspannung häufig im Nacken oder im Rücken festzumachen. Aber auch das nächtliche Zähneknirschen kann hier seine Ursache haben.

Hier ist unbedingt als erste Hilfe Oak angesagt, damit der Druck, der die ganze Person umfaßt, nachläßt und Entspannung einsetzt.

Gleichzeitig ist die gesamte Lebenseinteilung und -führung zu hinterfragen. Es gilt, seine Energien richtig einschätzen zu lernen, um sie dann am richtigen Platz und zum richtigen Zeitpunkt einzusetzen.

Gruppe V, Streß

Heilstein mit der gleichen Wirkungsfrequenz wie Oak:

22. Karneol

Er ist meist ein orangefarbener Calcedon. Auch der braune Sarder gehört heute zur Karneol-Familie. Bekannt ist er auch als Blutachat oder Fleischachat. Karneol entsteht im Vulkangestein, wobei Eisenoxide in den kleinen Knollen auskristallisieren. Er bildet keine sichtbaren Kristalle, sondern winzige Fasern. Die Farbe erhält er durch den Zustand der Oxydation des Eisens beim Erkalten des Vulkangesteines. Karneol glänzt wie Wachs.

Stichwort:
Starke seelische und körperliche Anspannung und Überlastung

Wer im Oak-Zustand ist, braucht als Hilfe einen Karneol, denn die Anspannung ist zum Teil gänzlich unerträglich geworden. Selbst der stärkste Kämpfer ist einmal gezwungen innezuhalten, um die gesamte Situation, in der er sich befindet, zu überdenken.

Aus der Überlieferung:

Der Karneol erhielt seinen Namen durch sein kirschenartiges Aussehen; auch erinnerte er durch seine Farbe die antiken Griechen an die auf- oder untergehende Sonne. Schon die ägyptischen Pharaonen sahen in ihm einen göttlichen Stein, mit dem sie sich nicht nur schmückten. Er ging ihren Weg mit bis ins Grab.

Durch die vielen und alten Überlieferungen werden dem Stein unglaubliche Heilkräfte zugeschrieben. Die meisten betreffen das Blut und die damit zusammenhängenden Körpersysteme.

Der Psyche schenkt er die Kraft der Erneuerung, jene Erneuerung, ohne die eine Veränderung der Lebenssituation nicht auskommt. Überdacht werden muß die Realität, in der man sich bewegt, um Altes und Lebensfeindliches abzuschütteln. Auch die Ziele, für die man oft aufreibend kämpft, sollten hinterfragt werden, damit dieser königliche Sonnenstein sein Werk tun kann: „Und er dringt ein in unser Herz und bringt uns Wärme und Seligkeit".

Gruppe V, Streß

23. Olive

Der Ölbaum (Olea europaea) ist der Baum des Mittelmeerraumes schlechthin. Er ist anspruchslos, zeigt eine blaugrüne Farbe und ist erfüllt mit einer unglaublichen Lebenskraft, die man durch und durch spürt, wenn man in der glühenden Mittagshitze im Schatten eines alten, knorrigen Ölbaumes Rast machen kann.

Bis eintausend Jahre ist sein Lebensalter! Und immer wieder kann dieser ölspendende Baum sich erneuern.

Wichtig ist der hohe Vitamin-A-Gehalt des Öles, welcher für etliche Mangelerscheinungen nützlich sein kann.

Olivenblätter wirken antiseptisch und abführend.

❦ Olive als Bachblüte:

Wer Olive braucht, ist überfordert, körperlich erschöpft und oft am Ende seiner Kraft. Die Energiereserven sind aufgebraucht und die Freude am Leben schwindet.

Die Gründe können berufliche Überforderung sein, private Auseinandersetzungen oder schwere Krankheiten, welche das Leben zur Last machen.

Die Gründe für die Überforderung sind hier ganz real und körperlich spürbar. Dies kann sich schnell in Krankheitsbildern äußern, wenn man nicht gegensteuert.

Da ja das ganze Leben ein Auf und ein Ab ist, sollte man seinem Körper an diesem unteren Punkt die dringend benötigte Ruhe zukommen lassen. Nun muß man ausspannen, sich ausklinken, Urlaub ohne Stress machen, um wieder zu der nach oben gehenden Kurve zu gelangen.

Und es gilt auch hier, wenn durch Olive der Anstoß zur Hilfe kommt: Unbedingt die Gründe sichtbar machen, die zu diesem Punkt führten, Ursachenforschung betreiben, mit seinem Partner oder einem vertrauten Menschen darüber reden, die Veränderung wollen und diese letztendlich durchführen.

Gruppe IV, Realitätsprobleme, Depressionen

Heilstein mit der gleichen Wirkungsfrequenz wie Olive:

23. Rosenquarz

Sein Name entspricht seiner Farbe, es ist ein rosenroter Quarz.
Er zählt zu den „gemeinen" Quarzen. Die in letzter Zeit in Brasilien gefundenen kleinen Mengen kristallbildender Rosenquarze nennt man zur Unterscheidung „Rosaquarz".

Rosenquarz ist selten transparent, aber meist durchscheinend, von blaß bis intensiv rosafarben. Er ist von vielen hellen Rissen durchzogen.

Stichwort:
Körperliche Erschöpfungszustände, Überforderung, Depression

Wer im Olive-Zustand ist, braucht als Hilfe einen Rosenquarz.

Er ist am Ende seiner Kraft, erschöpft, überfordert. Die Energiereserven sind aufgezehrt. Depressionen und Schlafstörungen können sich einstellen.

Es sind hier ganz reale Ursachen, die zu diesem Zustand und zu den dazugehörigen Krankheitsbildern führen.

Aus der Überlieferung:

Der Rosenquarz ist seit der Antike der Stein der Liebe und des Herzens. Die Götter der Liebe sollen ihn auf die Erde gebracht haben, denn was brauchen wir Menschen mehr als die unbändige Kraft der Liebe!

Körperlich wirkt er besonders auf das Herz, auf das durchfließende Blut und den Kreislauf. Unter dem Kopfkissen, bei Nacht, wirkt er gegen Depressionen und Schlafstörungen.

Überhaupt ist er seit Altersher der Stein, der Ängste wegnimmt und uns von Einengungen und seelischen Wunden befreit.

Der Rosenquarz gibt uns wieder die Kraft, durchzuatmen und neu schöpferisch und sinnvoll tätig zu werden.

Gruppe IV, Realitätsprobleme, Depressionen

24. Pine

Die gemeine Kiefer (Pinus sylvestris) ist ein Baum, welcher der Kälte widersteht und im hohen Norden Europas bis hin nach Sibirien wächst. Aber auch bei uns gedeiht sie prächtig und bedeckt große, aufgeforstete Flächen. Sie fühlt sich auch auf minderwertigen Sandböden wohl, wo sie kaum anderes Leben unter sich zuläßt. Wo der Mensch sie zur Holzgewinnung als Monokultur anpflanzt, wird der Wald öde und leer und die Artenvielfalt verschwindet.

Das Kiefernholz ist mit Harzen getränkt. Das Terpentinöl wird hieraus gewonnen. Es hilft, mit Wasser vermischt oder eingeatmet, bei allen Entzündungen der Luftwege.

Viel gesammelt wurden die frischen Triebe, die „Maitriebe". Sie sind weich, wohlriechend und waren ein gern gesehener Zusatz im Badewasser.

❦ Pine als Bachblüte:

Menschen, die Pine brauchen, sind oft von Schuldgefühlen geplagt. Sie haben kein positives Verhältnis zu sich: zu der eigenen, oft hohen Leistung und zum eigenen Körper. Ihnen fehlt ein bejahendes Grundgefühl zu sich selbst, auf dem aufbauend sie dann die Wirrnisse des Lebens angehen können.

Pine-Typen sind oft unzufriedene Menschen, die sich, da sie verläßlich sind, ständig verpflichtet fühlen. Von diesen Verpflichtungen, die ja, wie das Wort schon sagt, nur Pflichten sind, meist lästige dazu, kommt man nicht los. Gesellen sich noch zu hohe, selbst gestellte Anforderungen dazu, impliziert sich ein Erfolgszwang, der, wie alles Zwanghafte, nicht zu dem gewünschten befreienden Ergebnis führt.

Es gibt Pine-Typen, die sich zu alledem noch eine enge, körperfeindliche „Moral" aufbürden und somit auch in diesem Bereich keine beglückenden Erlebnisse haben. Sexuelle Probleme führen zu Partnerschaftsproblemen, denn wo keine Hingabe sein kann, kann auch nichts empfangen werden. So dreht sich die Schraube der Schuldgefühle weiter.

Pine kann der Beginn einer Änderung sein. Eine Neubewertung der Verpflichtungen, dessen, was man sich als „Schuld" überstülpt, ein Überdenken der Wertvorstellungen und der Körperreaktionen.

Gruppe III, Ich-Schwäche

Heilstein mit der gleichen Wirkungsfrequenz wie Pine:

24. Bergkristall

Er bildet sich aus sehr reiner Kieselsäure-Lösung, die so gut wie frei ist von irgendwelchen Beimengungen. Er ist ein Kristallquarz.

Um klare Kristalle bilden zu können, braucht er Voraussetzungen, wie sie sonst nirgends gefordert sind, zum Beispiel gewisse konstante Druck- und Temperaturbedingungen, die in etwa 40 000 Jahren nur jeweils um ein Grad Celsius abkühlen dürfen.

Bergkristalle wachsen tatsächlich und haben Wachstumsphasen oder Wachstumsabschnitte. Zwischen den einzelnen Wachstumsschüben können eine Million Jahre und mehr liegen.

Stichwort:
Unzufriedenheit, auch bei hoher Leistung, Erfolgszwang, Schuldgefühle

Wer im Pine-Zustand ist, braucht als Hilfe einen Bergkristall, weil der dauernde Erfolgsdruck, unter den man sich setzt, eine große Unzufriedenheit erzeugt. Es ist dies eine ganz und gar hausgemachte Angelegenheit, die von außen nicht verstanden wird.

Problematisch ist auch das Verhältnis zum eigenen Körper.

Aus der Überlieferung:

Der Bergkristall ist wohl der bekannteste Kristall überhaupt.
Seinen Namen hat er vom griechischen „Kristallos", dem Eis.
Bis zum Mittelalter meinte man, dies wäre so tief gefrorenes Eis, daß es zu Stein geworden sei.

Es gibt weibliche und männliche Kristalle, die man leicht an ihrer Spitze unterscheiden kann, da der weibliche Kristall mit einer Linie abschließt, der männliche mit einer Spitze wie die einer Stecknadel.

Der weibliche menschliche Organismus reagiert besser auf einen männlichen Kristall und umgekehrt.

Es ist wichtig, „seinen" Bergkristall im wörtlichen Sinne nicht aus der Hand zu geben, da er große Speicherkapazitäten besitzt und sich durch andere Personen direkt negativ aufladen kann.

Gruppe III, Ich-Schwäche

25. Red Chestnut

Die rote Roßkastanie (Aesculus carnea) ist kleiner und bei uns weniger verbreitet als ihre große Schwester, die weiße Roßkastanie.

Sie hat wunderschöne, rosa-fleischfarbene Blütenstände und dichtes Laub. Eigentlich ist sie keine eigene Art, sondern eine Kreuzung, die seit Beginn des 19. Jahrhunderts gezüchtet wird.

❦ Red Chestnut als Bachblüte:

Wer Red Chestnut braucht, hat in sich ein riesiges Potential an Zuwendung, an Nächstenliebe und an Kraft, um emotionale Beziehungen zu anderen Menschen aufbauen zu können. Das Problem ist, daß diese Kraft einen falschen Weg eingeschlagen hat.

Man ist nicht nur besorgt um den nächsten Menschen, man klebt sozusagen an ihm fest, weil man ihn zu seinem Glück zwingen will.

Die eigenen Bedürfnisse, das eigene Leben wird klein geachtet und alles, was man eigentlich selbst bräuchte, wird auf das jeweilige „Opfer" projiziert: Das Kind, der Partner, oder einfach ein Mensch, der Hilfe braucht.

„Lieben heißt loslassen können", sagt ein Dichterwort, doch der ständige Beschützerdrang zeigt, daß man selbst nichts loslassen kann, was man einmal in den helfenden Fingern hatte.

Dieses Leben in ständiger Alarmbereitschaft um den Anderen ist ein Symptom für die eigene Lebensangst. Man lebt über den Anderen, man lebt durch den Anderen. Sein Glück ist mein Glück, seine Freude ist meine Freude, sein Leid ist mein Leid.

Daß dies zu ständigen psychischen Katastrophen führt, ist leicht einzusehen. So wird z. B. das Widerwort des heranwachsenden Kindes als Rückschlag in der Erziehung gedeutet. Und so geht es mit dem Partner weiter und mit allen Menschen, mit denen man es zu tun hat.

Natürlich verhindert gerade dieses Verhalten die befriedigende Verbindung, die man so dringend sucht und braucht. Dazu kommt, daß man leicht Opfer wird von Menschen, die nur nehmen, ohne etwas geben zu wollen oder zu können. Da man die Gründe nicht kennt, ist man verzweifelt und unglücklich.

Mit Red Chestnut halten Sie den Anstoß zur Veränderung in der Hand.

Gruppe I Angst, tiefe Angst

Heilstein mit der gleichen Wirkungsfrequenz wie Red Chestnut:

25. Rhodochrosit

Der Name stammt aus dem Griechischen und heißt „rosenfarbig". Er kommt heute fast nur noch aus Argentinien, aus ehemaligen Silberminen der Inkas. Manganerze und kohlensäurehaltiges Wasser lassen den Rhodochrosit entstehen. Er besitzt meist eine dichte Masse und ist himbeerrot, rosa und mit weißen Bändern versehen. Er kann wie Glas oder Perlmutt glänzen.

Stichwort:

Helfersyndrom, Einsamkeit

Wer im Red Chestnut - Zustand ist, braucht als Hilfe einen Rhodochrosit.

Sein Problem ist, daß er zu sehr das Wohlergehen der anderen Menschen im Auge hat und sich selbst dabei vergißt. Die eigenen Bedürfnisse werden immer wieder „vergessen", also auf die Seite geschoben.

Das eigene Selbstwertgefühl von der Dankbarkeit anderer abhängig zu machen, ist ein gefährlicher Weg, der viel Herzeleid mit sich bringt.

Aus der Überlieferung:

Einzig die Indianer Südamerikas verehrten den Rhodochrosit als Stein der Liebe. Er war dort immer ein göttlicher Schutzstein, so wertvoll wie Gold. Bei uns ist er erst seit 1950 als Edelstein anerkannt.

Körperlich wirkt er sehr positiv auf die Verdauung, wobei der große Mangangehalt sehr hilfreich ist.

Rhodochrosit ist der Stein gegen Hemmungen, die eigenen Bedürfnisse durchzusetzen. Er hilft gegen Minderwertigkeitsgefühle, gegen Depressionen und gegen jenes seelische Leiden, das Lebenslust, Freude und Harmonie vermissen läßt.

Er gibt die fehlende Kraft, um aus dem ewigen Grau des Alltagstrottes herauszufinden.

Besonders als Schlafstein mildert er Angst und wiederkehrende Alpträume.

Gruppe I Angst, tiefe Angst

26. Rock Rose

Das wunderbar gelb leuchtende Sonnenröschen (Helianthemum nummularium) hält, was es mit seinem schönen Namen verspricht. Die Blüte strahlt wie die Sonne – und das von Mai bis September.

In der Volksmedizin wurde das Sonnenröschen als keimtötendes Wundermittel, auch für eitrige Wunden sehr geschätzt. Die Verwandtschaft zu Johanniskraut mit seiner beruhigenden Wirkung auf die aufgewühlte Psyche ist nicht zu übersehen

🌱 Rock Rose als Bachblüte:

Wer Rock Rose braucht, ist in einer akuten persönlichen Notsituation, die Verzweiflung heraufbeschwört.

Sei es eine als unheilbar angesehene Krankheit, eine Körperlähmung, eine lebensgefährliche Verletzung: Der Schock sitzt ungeheuer tief und Todesangst zieht wie eine dunkle Wolke über den Betroffenen. Es können auch materielle Probleme sein, die unvorhergesehen und unerwartet das gesamte sorgsam geplante Lebensgefüge zusammenbrechen lassen.

Die panisch um sich greifende Angst vor der Zukunft führt ebenfalls zu einem lähmenden Schock.

Zu Hoffnungslosigkeit und Verzweiflung gesellen sich ruheloser Schlaf und Alpträume.

Der Rock-Rose-Typ kann auch jener Mensch sein, der ständig zur Hysterie neigt, der immer der Ohnmacht nahe ist und in seiner psychischen Labilität dauernd Ängste entwickelt, die zu seelischen und körperlichen Spannungen führen.

Rock Rose hilft, diese Spannungen, die oft kaum auszuhalten sind, zu verringern. In aller Turbulenz sorgt das Sonnenröschen für einen klaren Kopf, der gebraucht wird, um aus dieser fatalen Situation herauszukommen.

Mit Rock Rose kommt der Mut und es ist jetzt enorm wichtig, was man mit diesem Stück Kraft und Hoffnung anfängt.

Wie in allen Situationen, in denen es darum geht, sein Leben neu zu ordnen, ist auch hier der klare, positive Gedankenstrom von enormer Wichtigkeit. Zielgerichteter Glaube und unbändiger Wille können nicht nur Krankheiten beseitigen, sie versetzen auch jene berühmten Berge!

Gruppe I Angst, tiefe Angst

Heilstein mit der gleichen Wirkungsfrequenz wie Rock Rose:

26. Heliotrop

Er bedeutet „Sonnenwendstein" und ist seit dem Altertum bekannt. Es ist ein grüner, feinkörniger bis faseriger Quarz mit Einschlüssen von rotem Eisenoxyd. Er ist als „Blutjaspis" oder als „Hildegardjaspis" bekannt.

Der Heliotrop ist in seiner Grundsubstanz ein Chalcedon, in den beim Erstarren Magnesium-Eisen-Verbindungen eindrangen. Der typische Rot-Anteil ist Eisenoxyd.

Der Heliotrop muß viel Eisenoxyd-Anteile haben, sonst wird er in fließendem Übergang zum grünen Jaspis.

Stichwort:

Akute Notsituation, lähmender Schock

Wer im Rock-Rose-Zustand ist, braucht als Hilfe einen Heliotrop oder Blutjaspis. Er ist in einer akuten Krisensituation, was auch eine schwere Krankheit sein kann.

Panische Angst und Entsetzen sind als Folge nicht auszuschließen. Seelische oder auch körperliche Spannungen können sich als Reaktionen, als Symptome einstellen.

Aus der Überlieferung:

Der Heliotrop galt nicht nur in Indien und in Ägypten als Stein mit starker Heilkraft. Auch die alten Griechen stellten schon Verbindungen der beiden Steinfarben grün (Erde) und rot (Blut) mit ihren Göttern her.

Bei Hildegard von Bingen war es natürlich das Blut Christi, das in Erinnerung an sein Wirken in der Erde fließt.

Diese versteinerten „Blutstropfen", also das Eisenoxyd, haben starke Wirkungen auf unseren Blutkreislauf.

Unzählige weitere Wirkungen werden dem Heliotropen zugeschrieben. Jedenfalls schlägt die stark reinigende Wirkung auf den Körper verständlicherweise auch auf die Seele durch. Man fühlt sich wohler und besser.

Seelische Spannungen werden mit ihm abgebaut, wobei ein Heliotrop unter dem Kopfkissen zu besserem Schlaf verhilft. Die Kombination mit einer Bergkristall-Spitze ist hier sehr zu empfehlen!

Gruppe I Angst, tiefe Angst

27. Rock Water

Wasser, Quellwasser, der Urgrund allen Lebens, das uns begleitet, aus dem wir zum größten Teil bestehen, hat mit allem zu tun, was Bewußtsein hat und was lebt.

Wasser begleitete uns von der Amöbe bis zum heutigen Menschen und wird uns weiter begleiten in der vor uns stehenden Evolution. Wasser ist der Urgrund, in dem sich der Mensch noch in seinem kosmischen Bewußtsein bewegte, bevor seine Nabelschnur durchtrennt wurde, Wasser ist Bestandteil jeder Körperzelle und zum Wasser zieht es uns hin, zum Bach, zur Quelle. Hier spüren wir die Kraft, ohne es zu wissen, welche heilend aus der Erde kommt: Des Menschen, des Lebens Freund. Ohne Wasser ist heißer Stein, ist Dürre, ist Wüste, ist kein Raum für Bewegung außer dem Peitschen des Windes über dem jagenden Sandkorn.

Ohne Wasser sterben Feen und Götter, stirbt die Freude und alles Sein oberhalb des Steines. Wasser ist Leben und der Umgang mit dem Wasser zeigt den Stellenwert, den wir Menschen dem Leben, dem Lebendigen, der Schöpfung beimessen.

Rock Water:

Rock Water, Quellwasser, besitzt, wie jedes Wasser einen hohen Informationsgehalt. Wie jede andere Blüten- oder homöopathische Essenz gibt es demjenigen, der es zu sich nimmt seine besondere Information weiter.

Wer Rock Water braucht, ist sehr idealistisch in bezug auf die eigene Person angelegt. Er hat feste, „hohe" Überzeugungen, eifert Vorbildern nach und strebt ständig nach Perfektion. „Disziplin" wird groß geschrieben. Und was man sich selbst auferlegt, das kann man schließlich auch von Anderen verlangen!

Wenn man Grundsätze aufgebaut hat und kompromißlos danach leben will, wird man starr, entfernt sich vom Menschsein, wird man zum Übermenschen. Es ist für die Umgebung zumindest ungemütlich, mit solch einem Zeitgenossen in Berührung zu kommen.

Rock Water-Typen sind oft Askese-Menschen, die sich einer ganz bestimmten Denkrichtung verschreiben und diese an die Menschheit mit aller Macht weitergeben wollen. Rock Water hilft, die hohen Ansprüche an sich und die Welt herunterzuschrauben und die missionarischen Tendenzen zu verringern.

Gruppe II Egozentrik, Intoleranz

Heilstein mit der gleichen Wirkungsfrequenz wie Rock Water:

27. Natur-Citrin

Der Naturcitrin ist gelber Rauchquarz. Dunkel gebrannter Amethyst wird ebenfalls als Citrin angeboten.

Der Naturcitrin ist trigonal und bildet Kristalle ähnlich dem Bergkristall. Seine Farbe ist zitronen- bis goldgelb, bräunlich, da er fließend in Rauchqarz übergeht. Er glänzt wie Glas.

Echter Citrin ist leicht mit Beryll, Topas und Turmalin zu verwechseln.

Stichwort:
Feste, „hohe" Überzeugungen, idealistische Weltsicht

Wer im Rock Water-Zustand ist, braucht als Hilfe einen Natur-Citrin. Es ist der Mensch mit klaren Glaubens- und ehernen Grundsätzen, der Vorbilder aufweisen kann und selbst nach Perfektion strebt. Für eine entsprechende Karriere kann dies förderlich sein. Die Mitmenschen erleben diese Haltung als arrogant. Auch stößt das Bedürfnis, die eigenen Ideale weiterzugeben, oft auf Ablehnung.

Aus der Überlieferung:

Der Citrin gilt als sehr kräftiger, markanter Stein mit starker Ausstrahlung, der verhärtete Herzen öffnen soll, um den Träger zu neuen Wegen zu führen.

Er ist stimmungsaufhellend und hilft bei depressiver Problematik.

Diesen „Zitronenstein", wie er auf griechisch genannt wurde, trugen die Römer gerne auf der Brust, um dem bösen Blick vorzubeugen.

Auf dem Weg, die richtige Erleuchtung zu finden, ist der Citrin dem Träger ein guter Helfer.

Körperlich ist er als Entgifter des Stoffwechsels bekannt, der dadurch das Immunsystem stärkt. Er wirkt anregend und erwärmt bei starker Kälteempfindlichkeit. Besonders wirkt er positiv auf die Funktionen von Magen, Milz und Bauchspeicheldrüse.

Die heilende Wirkung wird besonders in Verbindung mit Bernstein genannt, wenn es um Entzündungen des Magens oder gar um Magengeschwüre geht.

Gruppe II Egozentrik, Intoleranz

28. Scleranthus

Scleranthus, der einjährige Knäuel, gibt sich als das, was der Mensch als Unkraut versteht: Ein kleines, höchst unscheinbares Kräutlein auf kraftlosen, „armen" Sandböden mit winzigen, kaum vorzeigbaren Blüten. Nichts ist für uns Menschen anziehend an diesem dürftigen Gewächs, keine Anmut, keine Blütenpracht.

Als Heilpflanze ist Scleranthus annuus unbekannt. Was also hat Bach an dieser Pflanze entdeckt?

Scleranthus als Bachblüte:

Wer Scleranthus braucht, der lebt in einem ständigen Wechselbad der Gefühle: Jetzt lachen – nachher weinen, jetzt Freude – nachher Kummer, jetzt Sicherheit – nachher Unsicherheit, jetzt Energie – nachher Apathie. Was grundsätzlich fehlt und was das Grundproblem ausmacht, ist die harmonische Ausgewogenheit.

In großer Instabilität und mit viel Unentschlossenheit bewegt sich der Scleranthus-Typ durch seinen Tag und muß viel Kritik von Seiten seiner Mitmenschen einstecken. Wer so wechselvoll reagiert, ist nicht verläßlich, er wird als „sprunghaft" bezeichnet, vielleicht als „oberflächlich", als „labil".

Scleranthus-Typen beginnen oft etwas und führen es nicht zu Ende oder meinen, mehrere Dinge gleichzeitig erledigen zu müssen. Es können „Hektiker" sein, die von einem Extrem ins andere fallen.

Die oft sichtbare Unentschlossenheit hat als Ursache auch einen Mangel an Konzentration, der von einem Mangel an Selbstvertrauen genährt wird. Man ist sich nicht sicher, das Richtige zu tun , möchte dies aber unter allen Umständen.

Diese Ruhelosigkeit schlägt sich unweigerlich auf den Körper. Auch er und seine Bewegungen werden hektisch.

Scleranthus hilft, die innere Balance wiederzufinden und schafft die Ruhe, um das chaotische Dasein zu überdenken:

Wie kann ich mein „Ich" stärken und stabil halten? Diese Frage muß ein Anfang sein, um zum inneren Kern vorzudringen. Nur wenn ich diesem begegne und mich mit ihm auseinandersetze, werde ich das finden können, was ich so dringend brauche: echte Ruhe und innere Zufriedenheit.

Gruppe III, Ich-Schwäche

Heilstein mit der gleichen Wirkungsfrequenz wie Scleranthus:

28. Friedensachat

Es sind weiße oder farblose Achate, die ebenfalls zur Familie der Quarze gehören. Es sind relativ saubere Siliziumverbindungen mit metallischen Einlagerungen. Wie schon gesagt, gibt es durch die vielen Zeichnungen und Einlagerungen die verschiedensten Namen wie Augen-, Band-, Dentrit-, Stern-, Flammen-, Korallen-, Landschafts-, Schlangen-, Wolkenachat und viele andere. Die einzelnen Quarz-Schichten können auch aus Chalcedon, aus Kristallquarz, aus Jaspis und aus Opal bestehen.

Stichwort:
Unentschlossenheit, Unsicherheit

Wer im Scleranthus-Zustand ist, braucht als Hilfe einen Friedensachat, denn nichts ist jetzt wichtiger, als das Ich zu stärken und zu stabilisieren.

Welche Gründe man auch immer für diesen wechselhaften Zustand der Unsicherheit anführen kann, immer sind sie nur die Folge eines psychischen Grundproblemes, nämlich der mangelnden Stabilität.

Aus der Überlieferung:

Er gilt als Schutzstein gegen Krankheiten, welche die Sonne auf der Haut verursacht, besonders bei zu hoher UV-Strahlung. Die Lichtempfindlichkeit der Haut soll herabgesetzt werden.

Der Friedensachat hat eine starke gefühlsmäßige Wirkung auf seinen Träger.

Er hilft, die Angst vor dem Alleinsein zu überwinden, indem er dazu beiträgt, das eigene „Ich" zu stabilisieren.

Der Friedensachat mildert die Aggressionen, die sich in vielen Fällen gegen sich selbst richten und deshalb als solche von außen gar nicht wahrgenommen werden. Er verschafft uns größere innere Ruhe und Sicherheit. Mit dieser neu ausgestattet, kann ein bis jetzt unbekanntes wohltuendes Gefühl entstehen, das Seele und Körper umfaßt.

Unsicherheit kann sich so in Charme und in persönliche Ausstrahlung transformieren.

Gruppe III, Ich-Schwäche

29. Star of Bethlehem

Wer am Weg- oder Ackerrand kleine, sechsblättrige Blütensternchen entdeckt, etwa zehn Blüten an jeder kurzen Dolde, der hat das Glück, dem Doldigen Milchstern (Ornithogalum umbellatum) zu begegnen. Es ist ein Liliengewächs. Im Mittelmeerraum ist dieses seit langem bekannt. Hier dient der Doldige Milchstern auch zur Nahrungszubereitung.

Die Verbindung von dieser wunderschönen, klaren Lilienblüte zum Stern von Bethlehem ist problemlos hergestellt, übrigens auch zum Davidsstern, der ja auch aus sechs Ecken besteht.

In der Volksheilkunde spielt dieser Star of Bethlehem keine Rolle.

❧ Star of Bethlehem als Bachblüte:

Wer Star of Bethlehem braucht, leidet unter den Nachwirkungen eines Schocks. Dieser kann körperlicher oder seelischer Art gewesen sein. Jedenfalls ist eine Kennzeichnung die innere Erstarrung, das sich Zurückziehen in sich selbst, die Freudlosigkeit bis hin zur Apathie.

Dies kann mit dem frühesten menschlichen Trauma, dem Geburtsschock beginnen und sich in Traumata aus der Kindheit fortführen, die längst nicht mehr bewußt sind.

Durch den Mechanismus der Verdrängung sind sich viele Menschen ihres unverarbeiteten, tief sitzenden Schocks überhaupt nicht bewußt, mit dem sie gezwungenermaßen leben müssen.

Aber auch ganz handfeste Ereignisse können traumatisch auf Seele und Körper wirken: Die Trennung oder der Tod eines geliebten Partners, eine scheinbar unheilbare Krankheit, ein schrecklicher Unfall.

Plötzliche Umstände, die das so sorgsam geplante Leben auf den Kopf stellen, so daß nichts mehr ist, wie es war, können aber ein Anlass sein zum generellen Überdenken des eigenen Lebens.

Hier hilft Star of Bethlehem mit, einen neuen, positiven Ansatz, einen neuen Anfang zu finden.

Nach der Verarbeitung, nach der Trauer sind hier neue Zielsetzungen wichtig. Mögen diese auch noch so klein und auf den ersten Anblick unbedeutend sein: sie sind der neue Anfang!

Gruppe IV, Realitätsprobleme, Verdrängung

Heilstein mit der gleichen Wirkungsfrequenz wie Star of Bethlehem:

29. Tigerauge

Um sich von „Falkenauge" und anderen Lichteffekt-Mineralien abzugrenzen, wurde der Begriff „Tigerauge" im 19. Jahrhundert eingeführt. Es ist ein eisenhaltiges Mineral, das in Erzlagerstätten vorkommt. Es gehört zu den Quarzen. Durch spätere Oxidation wir es zu sog. „Brauneisen", dem Tigerauge. Es ist von goldgelber Farbe, schillernd bis seidenglänzend, kupferrot dort, wo es lange in der Sonne lag (Ochsenauge).

Stichwort:

Schockerlebnis körperlicher oder seelischer Art

Wer im Star of Bethlehem-Zustand ist, braucht als Hilfe ein Tigerauge. Es gibt im Leben Schockerlebnisse, die äußerst schwer zu verkraften sind. Dies kann schon der Geburtsschock sein, ein schwerer Unfall oder der Tod eines geliebten Menschen. Viele Schockerlebnisse kann es in einem Leben geben, die danach nicht verarbeitet wurden und somit immer noch in irgend einer Weise weiter wirken. Oft muß der Schock nicht einmal mehr bewußt sein. Man hat ihn in seinem Schmerz tief verdrängt!

Aus der Überlieferung:

Das Tigerauge ist ein uralter Heilstein. Schon bei der alten Arabern und den antiken Griechen war er sehr beliebt.

Er hat viele heilende Eigenschaften im Kopfbereich, wo er gegen starke Kopfschmerzen und Migräne hilft. Auch als Hilfe für das desorientierte vegetative Nervensystem wird er oft genannt.

Er ist der Stein gegen Erkrankungen der Atemwege, besonders gegen Asthma, und wirkt tief bis in die Bronchien hinein. Besonders dem von der Sonne rötlich gefärbten Tigerauge werden hier große Eigenschaften zugeschrieben.

Mit seiner entspannenden Wirkung hilft das Tigerauge auch in hohem Maße der Psyche. Hier wird er dringend für „Entkrampfungen der Seele" empfohlen!

Er hilft, seelische Wärme und neues Selbstvertrauen zu entwickeln. Dabei reaktiviert er das Vergessene und hilft mit, alte seelische Verletzungen und Wunden zu verarbeiten

Gruppe IV, Realitätsprobleme, Verdrängung

30. Sweet Chestnut

Die Edelkastanie (Castanea sativa) ist ein Buchengewächs, kann bis zu 35 Meter hoch werden und trägt in normalen Jahren eine ungeheure Menge von wohlschmeckenden Kastanien. Man muß sie nur einige Minuten in Wasser kochen oder auf heißer Platte rösten.

Die Edelkastanie, die „Marone" war schon vor der Kartoffel ein weit verbreitetes Nahrungsmittel in Mitteleuropa.

In der Volksmedizin ist sie seit alters her bekannt.

❦ Sweet Chestnut als Bachblüte:

Wer Sie braucht, kennt die bittere, dunkle Nacht, in der die Seele eintaucht, ohne Regung, ohne Lebensgefühl, gefangen wie hinter dicken, runden Mauern, hoffnungslos, ausweglos. Gentian, Rock Rose, Star of Bethlehem sind schon große Helfer gegen Angst und Depression. Sweet Chestnut aber geht tiefer. Wer es braucht, fühlt sich absolut am Ende. Es scheint keinerlei Hoffnung mehr, nichts kann mehr helfen; es gibt keine Tränen mehr.

Meist kommen hier mehrere Lebenskatastrophen zusammen, so, daß keinerlei Kraft mehr bleibt für auch nur den allergeringsten positiven Ansatz z. B. Verlust des Partners und finanzielle Katastrophe.
Es gibt aber auch Katastrophen, die zwar einen realen Ansatz haben, aber sonst realitätsfremd sind und sich innerpsychisch abspielen).

Da nur starke, oft erfolgreiche und disziplinierte Menschen in diese Tiefe fallen können, können sie diesen Zustand mit ihrem Intellekt erkennen und sogar beschreiben. Er wird jedoch, mit äußerster Disziplin, vor der Umgebung verheimlicht. Solche Menschen können ihr Tagespensum gerade noch so erledigen, damit der Zustand verborgen bleibt.

Dieser allumfassende Zusammenbruch muß zwingend eine vorübergehender Zustand sein, wenn der Mensch nicht in eine echte Psychose fallen soll, aus der es dann oft kein Zurück mehr gibt.

Die Entscheidung muß getroffen werden: Sich zurückentwickeln zum hilflosen Kind und von allen umsorgt oder nach vorne gehen, mit dem Willen zum Leben angetrieben, um ganz und gar neu zu beginnen.

Mit einer qualifizierten Therapie sollte man dann den Durchbruch finden für eine gänzlich neue, glückliche Lebenszeit.

Gruppe IV, Realitätsprobleme, Depressionen

Heilstein mit der gleichen Wirkungsfrequenz wie Sweet Chestnut:

30. Apachenträne

Die Apachenträne ist ein Rauchobsidian, der in den USA gefunden wird. Es ist, wie alle Obsidiane, ein vulkanisches Gesteinsglas, das schon viele Namen hatte wie „Glasachat", „Lavaglas", Pechstein", Marekanit".

Er ist, wie Glas, eine Art erstarrter Lavaschmelze ohne Kristall-Strukturen und der Name „Vulkanglas" ist wohl der zutreffendste.

Die Lava-Fließstruktur ist beim Rauchobsidian gut zu sehen, da er aus besonders reiner Lava besteht. Oft hat er fast klare Stellen. Er stammt heute noch beinahe ausschließlich aus den Indianerreservaten in Arizona.

Stichwort:

Lebenskatastrophe, tiefe Depression

Wer im Sweet Chestnut-Zustand ist, braucht als Hilfe eine Apachenträne. Er kennt die tiefe Nacht der Depression, jene Lähmung von Seele und Körper, die eine absolute Leere schafft.

Wenn der Wille schon von jeher stark war, spürt der Sweet Chestnut-Typ, daß es einen Weg nach außen geben kann.

Aus der Überlieferung:

Die ungezählten Tränen der Apachen, die geflohen sind, als der weiße Mann ihr Land, ihre Ehre, ihren Glauben, ihre Identität raubte, sollen schwarz erstarrt zur Erde gefallen sein.

Er ist bis zum heutigen Tag der Stein der Freiheit und das Symbol von neuer Kraft. Er ist der Stein jener Kraft, die mithilft, die Tiefe des Falles zu überwinden, um neue, bis jetzt unbekannte Freiheit zu erschaffen.

Mit ihm werden Depressionen in neuen Lebensmut umgewandelt. Eine neue, realistische Einschätzung der eigenen Gefühle wird erlangt.

Der Weg in das eigene, gequälte Unterbewußtsein wird mit ihm geebnet, damit nach der Verarbeitung dieses Leben mit veränderten Vorzeichen weitergehen kann.

Der Rauchobsidian löst Schocks, Ängste und seelische Verletzungen. Hautkontakt zu diesem Stein ist wichtig, gerade in Verbindung mit dem Bergkristall als Schlafstein oder nachts unter dem Kopfkissen.

Gruppe IV, Realitätsprobleme, Depressionen

31. Vervain

Das Eisenkraut (Verbena officinalis) mit seinen zähen Stengeln und den winzigen, kleinen violetten Blüten hat einen ungewöhnlichen Duft, der stark nach Minze riecht. Es ist ein rechtes Unkraut, das selbst auf Schutthalden gedeiht und ist in der Heilkunde bekannt, seit es die schriftliche Überlieferung gibt.

Unzählige Geschichten und Bräuche umranken es: von Göttern, von Zauberern, von Schmieden, die dieses Kraut für ihre geheimen Rituale brauchten. In der christlichen Überlieferung wird der kleine Jesus bemüht, die Wichtigkeit des Krautes hervorzuheben.

In der Volksheilkunde war dieses Kraut anerkannt.
Auch Hildegard von Bingen arbeitete damit.

❦ Vervain als Bachblüte:

Der positive Vervain-Typ hat einen schier unerschöpflichen Tatendrang, ist zuverlässig, engagiert und hat viel Selbst-Disziplin. Seine Begeisterungsfähigkeit ist groß, er kann andere anstecken und mitreißen. Verfolgt er eine Idee, so geht er, wenn es sein muß, um alle Ecken und Winkel, um das gesteckte Ziel zu erreichen.

Wer Vervain braucht, schießt in seiner Aktivität über das Ziel hinaus. Die positiven Eigenschaften drehen sich in negative um: Zu viel Tatendrang, zu viel (laute) Begeisterung, zu viel durchsetzen und zwingen wollen.

Intoleranz stellt sich ein, eventuell sogar fanatisches Verhalten. Es kommt zur Vereinnahmung der Mitmenschen, zum „Überrollen". Der Drang zur Herrschsucht ist schlecht zu verbergen.

Hunger nach Macht ist oft Hunger nach Zuneigung, die sich so in extremer Weise verstecken kann, wobei der Verlust an Macht über Mitmenschen oft als Liebesverlust erlebt wird.

Ein Leben in solch einer Spannung ist nicht nur für die Umgebung unerträglich, auch selbst wird man durch Erschöpfung, durch Kopfschmerz, Nervosität, durch Schlafstörungen usw. bestraft.

Vervain hilft, daß Entspannung einkehrt und der überdrehte Tatendrang nachläßt. Nun gilt es, die vielfältigen Tätigkeiten auf ein sinnvolles Maß zu stutzen. Der Weg muß von außen nach innen gehen, zu den Fragen nach den Motiven meines Handelns. Können hier die Hausaufgaben gemacht werden, gestaltet sich der weitere Lebensweg toleranter, ruhiger, ausgeglichener.

Gruppe V, Streß

Heilstein mit der gleichen Wirkungsfrequenz wie Vervain:

31. Azurit

Er ist ein kupferhaltiges Mineral, das entstand, als sehr sauerstoffreiches Wasser in kupferhaltige Gesteinsschichten eindrang. In seinem Blau sind oft grüne Einschlüsse vorhanden. Zu Pulver zermahlen ergab er schon zu Zeiten der antiken Griechen die azurblaue Farbe.

Stichwort:
Tatendrang, große innere Spannung

Wer im Vervain-Zustand ist, braucht als Hilfe einen Azurit, denn sehr oft wird mit dem, was man angeht, über das Ziel hinausgeschossen und Erschöpfung ist die Folge. Zu große Anspannung und Überanstrengung führen zu dem, was man heute „Streß" nennt.

Der Drang nach Perfektion, zumindest in bestimmten Bereichen, und der, ein Ziel „auf Gedeih und Verderb" erreichen zu wollen, muß hinterfragt werden.

Aus der Überlieferung:

Dem Azurit wird ein sehr großer Einfluß auf das zentrale Nervensystem zugeschrieben. Hier hilft er gegen mangelnde Konzentrationsfähigkeit und gegen nervliche Blockaden.

Er war auch als „Knochenstein" bekannt, denn er hilft mit, Knochen und Gelenke zu festigen. Dies ist insbesondere beim Kind und beim alten Menschen wichtig. Kinder mit Wachstumsproblemen sollten deshalb einen Azurit bei sich tragen.

Für die Psyche wirkt der Azurit entspannend und stabilisierend.

Es ist der „Stein der Selbsterkenntnis", der uns hilft, unsere tatsächlichen Motivationen, die ja oft so versteckt sind, zu erkennen. Mit der richtigen Einschätzung der Realität gilt es dann die anstehenden Aufgaben und Zielsetzungen zu bewerten. Alte, ungute gefühlsmäßige Bindungen können mit seiner Hilfe zumindest gelockert werden, was zu größerem eigenem Freiraum beiträgt.

Der Azurit will uns zu einer höheren geistigen Ebene verhelfen, welche über der Ebene des täglichen „Kampfes" angesiedelt ist. Diese neue Ebene verhilft uns dazu, unsere Tätigkeiten in neuem Licht zu sehen, um sie neu bewerten zu können.

Gruppe V, Streß

32. Vine

Die Weinrebe (Vitis vinifera) ist eine uralte Kulturpflanze, von den Römern in alle eroberten Gebiete getragen. Sie wird mindestens seit fünftausend Jahren angebaut und kultiviert. Der Wein, das berauschende Getränk, prägt heute noch ganze Kulturen und vielen Weinliebhabern und -kennern ist nicht anzumerken, daß sie mit ihrem Fläschchen Rotspon am Tag eigentlich schon zu den Alkoholikern zu zählen wären. Sie ist auch oft schwer zu ertragen, diese Welt und schon nach dem ersten Viertel Wein erscheint alles nicht mehr so schwer und mühevoll.

❀ Vine als Bachblüte:

Der typische negative Vine-Typ hat sehr große Ambitionen und Zielsetzungen, die er manchmal auf Gedeih und Verderb verfolgen kann. Er ist in der Regel arrogant, herrschsüchtig und hungrig nach Macht. Erfolgreich und erfolgsgewohnt setzt er seine Fähigkeiten ein, um weiter auf der Leiter nach oben zu klettern. Dabei sind ihm die Menschen, die ihm auf diesem Weg begegnen und die er ja immer wieder zurückläßt, oft völlig unwichtig, es sei denn, sie dienten seinem Zweck.

Freundschaften werden nach Nützlichkeiten geschlossen und immer und ausschließlich steht der einzige Zweck im Vordergrund: Das Anhäufen von Geld und Macht.

Alle Diktatoren dieser Welt sind Vine-Typen, auch wenn sie, in der verkleinerten Form, „nur" ihren Ehemann, ihre Ehefrau oder ihr Kind als Untertan haben.

Der pedantische, ehrgeizige, rechthaberische Mitmensch, der zu jedem Verrat bereit ist, um nach „oben" zu kommen, gehört hier ebenfalls dazu.

Positiv ausgedrückt ist der Vine-Typ eine ausgereifte, starke Persönlichkeit, der Menschen führen kann und soll, denn er besitzt die Qualitäten dazu.

Dahin sollte jeder kommen, der sich der Blütenessenz Vine zuwendet. Da er eine starke Persönlichkeit ist, sollte es ihm gelingen, die negative in positive Kraft umzuwandeln, in Kraft für die Menschen, für die Schöpfung und nicht gegen sie.

Bei der Behandlung von Schulkindern, bei denen dieser Wesenszug „Herrschsucht" oft unverfälscht auftritt, ist immer „Vine" beizumischen.

Heilstein mit der gleichen Wirkungsfrequenz wie Vine:

32. Tigereisen

Das Tigereisen ist eine lagenförmige Mischung von Hämatit, Jaspis und Tigerauge, was sich in der gestreiften Zeichnung des Steines zeigt.

Alle diese drei Mineralien sind trigonal. Der Hämatit ergibt die metallisch glänzende Lage, der glasglänzende Jaspis die rot- bis gelbbraune Farbe, das Tigerauge den gold- bis gelbbraunen Seidenglanz. Wegen der verschiedenen Eigenschaften der drei Schichten ist dieser Stein schwierig zu verarbeiten.

Stichwort:
Erfolgsgewohnt mit großen Zielsetzungen, Machtmensch

Wer im Vine-Zustand ist, braucht als Hilfe ein Tigereisen.

Es kann der politisch agierende Mensch sein, der seine wahren Zielsetzungen geschickt verbirgt oder der offensichtliche Machtmensch, der über „Leichen" geht. Jedenfalls gibt ihm der Erfolg recht, denn in unserer Gesellschaftsstruktur ist dies der Mann/die Frau der Stunde!

Der Vine-Typ, gleich wie man sein Handeln wertet, ist eine starke Persönlichkeit.

Aus der Überlieferung:

Das Tigereisen ist auf Grund seiner Zusammensetzung der „Gigant" unter den Heilsteinen. In seiner inneren Dreierverbindung wirkt er gegen Müdigkeit, Schlaffheit, Erschöpfung und Energiemangel und vermittelt die Fähigkeit zur Leistung, die ja durchaus positiv sein kann. Furchtloses und entschlossenes Handeln wird demjenigen nachgesagt, der diesen Stein trägt.

Körperlich soll er die Atmungsorgane kräftigen und besonders gegen Bronchialasthma helfen.

Der Gebrauch des Tigereisens verleiht der Seele Kraft, die Dinge um uns und die Menschen mit ihren Handlungsweisen realistisch zu sehen. Der durch das Tigereisen geschützte Mensch ist schwer seelisch zu verletzen, denn nur der instabile Mensch läßt sich von einem Windstoß umwerfen.

Es ist der Stein für den starken Menschen, der diesen für seine positive Weiterentwicklung wahrlich gut gebrauchen kann.

Gruppe II, Egozentrik, Intoleranz

33. Walnut

Der Walnußbaum (Juglans regia) steckt voller düsterer Geschichten und Symbolik über Leben und Tod. Hexen, dunkle Mächte, Teufel, alle haben oder hatten mit ihm zu tun. Alle waren sie irgendwie mit diesem Baum im Bunde, der so wohlschmeckende Nüsse beschert. Wie die Kastanie, so hat auch die Walnuß ihre Verbreitung den Römern zu verdanken, die diese, dem Jupiter sei dank, überall in ihrem Imperium anpflanzen ließen.

Die Volksmedizin kennt die bitteren Fruchtschalen als Gewürz. Auch zur Herstellung einer braunen Farbe wurden sie verwendet, mit der man chronische Hauterkrankungen behandelte, aber auch Hundebisse, Wurmerkrankungen und vieles mehr.

❀ Walnut als Bachblüte:

Wer Walnut braucht, lebt in einer Situation des Umbruches, in einer Krise und weiß, daß er davor steht, etwas Neues zu beginnen.

Die Verunsicherung ist groß, denn ein Neuanfang heißt, sich aus alten Bindungen zu lösen. Auch alte Gewohnheiten aufzugeben ist keine leichte Übung, aber irgendwie ist es an der Zeit, neue Wege zu gehen.

Das jetzige Leben zeigt keine Erfüllung mehr, Frustration macht sich breit und wie oft ist man von anderen getäuscht worden!

Jetzt gilt es zu fragen: Was ist gut für mich, für meine Person?!

Verunsicherungen und negative Beeinflussung von außen gilt es beiseite zu schieben, damit die jetzige, unbefriedigende Situation beendet werden kann.

Walnut wird auch bei körperlichen Veränderungen gebraucht, wie Schwangerschaft, Pubertät, Wechseljahre oder Midlife crisis, denn auch dies sind nicht unerhebliche Krisensituationen.

Übergänge von einer Lebensphase in die andere sind immer Umbruchphasen und es bedarf Klarheit und Kraft, um diese zu meistern. Überhaupt gerät jeder Mensch, der sich diesen neuen Lebensphasen, die das Alter und der älter werdende Körper diktiert, nicht stellt, in große seelische Not. „Ja" sagen zum Leben heißt „ja" sagen zur Veränderung, heißt „ja" sagen zum „hinter sich lassen", heißt die neue Wende, den neuen Abschnitt mit positiver Neugier zu begrüßen.

Gruppe III, Ich-Schwäche

Heilstein mit der gleichen Wirkungsfrequenz wie Walnut:

33. Landschaftsjaspis

Schon in Assyrien war dieser Stein, der ein Quarz ist, unter dem Namen „Aschpu" bekannt. Im hebräischen dann unter „Jaschpeh" und im Griechischen unter „Iaspis". Er gehört zu den alten Heilsteinen. Selbst in der Bibel wird der Jaspis erwähnt, was allerdings nicht bedeutet, daß dieser Stein mit dem heutigen identisch war.

Die große Jaspis-Familie zählt zu den mikrokristallinen Quarzen. Farbgeber des Landschaftsjaspis ist als Hauptbestandteil Mangan, aber auch Aluminiumsilikat und Eisenverbindungen. Er wird wegen seiner Zeichnung auch als Bilderjaspis bezeichnet.

Stichwort:
Lebenskrise, Umbruch, Veränderung

Wer im Walnut-Zustand ist, braucht als Hilfe einen Bilderjaspis.

Es besteht eine Krisensituation, die es gilt, positiv zu nutzen. Und zwar zum Wohle meiner eigenen Person und meiner eigenen Gesundheit. Oft gilt es, alle „wohlmeinenden" Ratschläge alter Bekannter oder „Freunde" in den Wind zu schlagen, denn die anstehenden Entscheidungen können in der Regel nicht von außen beurteilt werden. Es müssen eigene Entscheidungen fallen und keine noch so gut gemeinten Fremdbestimmungen.

Aus der Überlieferung:

Wie den meisten anderen Jaspisarten werden dem Landschaftsjaspis viele körperliche Heilwirkungen nachgesagt, besonders auf die inneren Organe wie Leber, Nieren und den Gallentrakt. Auch soll er sehr gut bei Blähungen oder Magendruck helfen.

Für die Psyche ist er der Stein, der ein neues, positives Fühlen bringt. Er ist der Botschafter der positiven Veränderung!

Gerade einschneidende Lebensabschnitte, die mit so viel Angst besetzt sind, brauchen als Antrieb die Freude am Leben. Nicht nur das intellektuelle Wissen um das Vergängliche ist hier gefragt, sondern das Spüren der Lebendigkeit, die uns gleichsam auf ihrer Welle weiterträgt: Mal etwas mehr oben, mal tiefer unten, aber immer weiter im Schwingen des Lebens.

Hier kann der Landschaftsjaspis ein guter Freund sein, besonders wenn er im Hautkontakt getragen wird.

Gruppe III, Ich-Schwäche

34. Water Violett

Die Wasserprimel oder Sumpfwasserfeder (Hottonia palustris) liebt Teiche, langsam dahinfließende Gewässer und sumpfige Uferzonen. Sie ist ein Primelgewächs und mit mit ihren Fadenwurzeln gut im Schlamm verankert.

Bekannt ist die Wasserfeder in der Volksmedizin, wo sie gegen geschwollene Lymphknoten eingesetzt wird.

🌺 Water Violett als Bachblüte:

Wer Water Violett braucht, ist von Hause aus ein starker Mensch, der großen, eigenen Freiraum braucht, der Kompetenz zeigt und sich nicht in anderer Leute Angelegenheiten einmischt.

Der Water Violett-Typ ist geistig unabhängig, freundlich, vermeidet nutzlose Diskussionen und verabscheut oberflächliche Gesellschaft. Er ist eine eigenwillige Persönlichkeit, voller Selbstvertrauen und steht in der Regel über den Dingen. Man bringt ihn selten aus der Fassung, denn er besitzt Selbstbeherrschung und Überblick über das Menschliche. Er ist ein Mensch mit natürlicher Autorität, auf dessen Urteil man viel geben kann.

Natürlich sind auch bei diesen Menschen die negativen Seiten nicht weit entfernt: Stolz, Überheblichkeit, Arroganz und der Rückzug von der „niederen" Welt in das eigene Schneckenhaus des Wissens.

Der Schritt zur Verachtung der Mitmenschen, die ihre Meinungen jeweils nach dem Winde richten, die ihre echten Gefühle überhaupt nicht mehr auffinden können, die sich von morgens bis abends manipulieren lassen und das Ergebnis dann als ihre zur Zeit gültige Meinung hinausposaunen, dieser Schritt ist schnell getan.

Hier kann nun, gerade auch wenn das Gefühl der eigenen Einsamkeit stark wird, die Essenz Water Violett helfen, die Distanz zum Mitmenschen aufzuheben. Dies dergestalt, daß man dessen Nöte nachvollziehen kann, auch wenn diese Lebensäußerungen weit von einem selbst entfernt sind. Nachsicht, Toleranz und Erkennen ziehen ein, ein Erkennen, das zwar sieht, sich aber frei machen kann von den ewigen negativen Bewertungen der Dinge.

Gruppe II, Egozentrik, Intoleranz

Heilstein mit der gleichen Wirkungsfrequenz wie Water Violett:

34. Roter Turmalin

Er ist seit der Antike bei uns bekannt und wurde insbesondere mit dem Rubin verwechselt bzw. ihm gleichgestellt.

Heute klassifiziert man zwölf verschiedene Turmaline. Der rote Turmalin ist der 'Rubellit', dessen Name vom lateinischen rubellos, rötlich stammt. Er war auch als 'Elbait' bekannt. Heute noch wird er selten 'Sibirischer Rubin' oder 'San-Diego-Rubin' genannt.

Turmalin ist ein Kontaktmineral, das auf der Komponente Magma und des schon davor vorhandenen Steines, auf den das Magma floß, besteht. Er ist oft stengelig/faserig mit parallelen Kristallen.

Stichwort:
Starke Persönlichkeit, Distanz zum Mitmenschen, Einsamkeit

Wer im Water-Violett-Zustand ist, braucht als Hilfe einen roten Turmalin. Seine negativen Seiten sind vor allem Arroganz und das Verachten anderer. Da der Water-Violet-Typ aber ein starker Mensch ist, hat er es überhaupt nicht nötig, sich über andere Menschen zu erheben.

Aus der Überlieferung:

Rote Turmaline gelten seit jeher als Steine der Wahrheit und der Liebe. Die alten Ägypter benutzten ihn schon als besonderen Stein unter den Heilsteinen und versprachen sich von seinem Gebrauch die so notwendige Erleuchtung.

Der rote Turmalin hilft vor allem der Leber, das Blut zu entgiften. Die Verdauungsflüssigkeiten sollen mit seiner Hilfe vermehrt produziert werden. Über den Energiefluß der Meridiane wirkt er anregend auf den gesamten Stoffwechsel.

Für die Psyche ist er ein „Öffnungsstein", der gefühlsmäßig blockierten Menschen hilft, sich dem Mitmenschen wieder zuwenden zu können. Diese Zuwendung heißt dann auch, wieder persönliche Gefühle und eigene Betroffenheit zeigen zu können.

Als Förderer vermehrter Aufnahme von Lebensenergie, hilft er auch, die Sexualität wieder befriedigend erleben zu können. Er bringt eine neue, freudige Qualität in das Sexualleben.

Gruppe II, Egozentrik, Intoleranz

35. White Chestnut

Es handelt sich um den gleichen Roßkastanien-Baum
(Aesculus hippocastanum) wie bei Chestnut Bud.

Bach hat hier aus der gleichen Pflanze zwei verschiedene Essenzen hergestellt. Hier nun aus der Blüte. Sie ist übrigens eine der herrlichsten Blütenstände, die ein Baum hervorbringen kann. Mit unglaublichem Duft reckt sie sich, oft zwanzig, dreißig Zentimeter hoch und gut zehn Zentimeter breit, zu tausenden je Baum, der Sonne entgegen.

🌹 White Chestnut als Bachblüte:

Wer White Chestnut braucht, wird ständig von plötzlich aufkommenden Gedanken geplagt. Immer wieder kreisen sie durch den Kopf, kommen wieder und wieder und lassen sich einfach nicht verjagen. Es sind natürlich negative Gedanken, welche das Hirn regelrecht „verstopfen" und die sich nicht abschütteln lassen. Negativ Erlebtes wird immer und immer wieder regelrecht durchgekaut. Aber anstatt es zu verarbeiten, dreht es sich in der gleichen Form ewig im Kreise.

In Selbstgesprächen spielt man die Situation noch einmal durch, überlegt sich, wie man hätte antworten können, versucht eine neue Variante usw. usw.

Zum Erlebten gesellen sich dann zukünftige Begegnungen, Gespräche, Situationen, die man im Vorgriff sozusagen schon einmal durchspielt.

Dies kann so weit gehen, daß es selbst in der Nacht schwer möglich ist, diesen Gedankenstrom abzuschalten. Es kann sein, daß man mitten in der Nacht mit den gleichen Gedanken plötzlich hellwach wird.

White Chestnut-Typen können einfach nicht loslassen und quälen sich unendlich, bis diese Hochspannung auf den Körper schlägt.
Über Kopfschmerzen, Muskelverspannung, nächtliches Zähneknirschen bis hin zum Zusammenbruch, gerade auch wegen der Schlaflosigkeit, gehen die Beschwerden.

Mit White Chestnut läßt sich diese permanente Spannung lösen.
Der ständige Kreislauf wird angehalten. Nun ist es an der Zeit, seine Probleme anzugehen und auf die Suche zu gehen, wo der Grund des Übels liegt. Wie bei allen psychischen Problemen ist die Ursachenforschung das einzige Mittel, das auf Dauer helfen kann.

Gruppe IV, Realitätsprobleme, Verdrängung

Heilstein mit der gleichen Wirkungsfrequenz wie White Chestnut:

35. Bronzit

Er bezieht seinen Namen von der bronzenen Farbe, die durch eine komplizierte Magnesium-Eisen-Magma-Verbindung entsteht.

Er ist oft von Augit-Kristallen durchlagert, diese ergeben dann die bekannte gefleckte Erscheinung. Die Farbe des Steines kann auch ins Grünliche gehen. Im Allgemeinen sind jedoch die Spaltflächen gelb und messing- bis bronzefarben. Sie schillern seidenartig bis metallisch.

Der Bronzit ist ebenfalls ein Stein des Weltalls! Er wird in der gleichen Zusammensetzung in Meteoriden gefunden. Es müssen also Welten existieren, die eine ähnliche Zusammensetzung haben wie die unserer Mutter Erde.

Stichwort:

Quälende, immer wiederkehrende Gedanken

Wer im White-Chestnut-Zustand ist, braucht als Hilfe einen Bronzit, denn es ist ungeheuer quälend, den fließenden Strom der Gedanken nicht abschalten zu können. „Nicht-loslassen-können" ergibt eine seelische Hochspannung, die sich schnell auf den Körper niederschlägt.

Aus der Überlieferung:

Der Bronzit gilt seit jeher als der „Erholungsstein", der neue Kraft schöpfen läßt, um die Nerven zu stärken. Mit ihm kann man Konfliktsituationen ruhiger angehen, denn er hilft stark mit, die innere Ruhe zu bewahren.

Die Römer schon erkannten diese Kräfte und nahmen ihn in Pulverform als Medizin zu sich. Durch die Mineralstoffkombination Magnesium-Eisen löst er starke Anspannungen. Er ist regelrecht krampflösend.

So soll er schon im Altertum den Menschen vor geistigen Verwirrungen aller Art schützen; Verwirrungen, die ja oft mit Krämpfen einhergehen.

Seelische Verletzungen, die irgendwann einmal zugefügt wurden, auch wenn sie uns heute nicht mehr im Bewußtsein sind, werden mit Hilfe des Bronzits gemildert. Er bringt uns die Harmonie, welche nicht nur die Seele, sondern auch der überspannte Körper dringend braucht.

Gruppe IV, Realitätsprobleme, Verdrängung

36. Wild Oat

Waldtrespe oder Hafergras (Bromus ramosus) ist ein Rispengras mit jeweils mehreren unscheinbaren Blüten.

Wild Oat ist das einzige Gras in Dr. Bach's Sammlung.

Zu diesem wilden Hafer (bromus = „Hafer") kann die Volksmedizin überhaupt nichts sagen, er ist völlig unbekannt.

🌱 Wild Oat als Bachblüte:

Wer Wild Oat braucht, ist ein sehr talentierter Mensch, intelligent, mit vielseitiger Begabung. Da er gerne dies und das und dann auch noch jenes machen würde, gerät er in Gefahr, keine Sache richtig anzupacken. Er verzettelt sich, kann nicht alles gleichzeitig zu Ende führen und ist dann unzufrieden mit sich selbst.

Das hohe, mehrseitige Talent und die vielen Möglichkeiten, die dieser Mensch eigentlich hat, legen einen ausgeprägten Wild Oat-Typen regelrecht lahm.

Dies ist natürlich äußerst bedrückend und erzeugt große Unzufriedenheit.

Diese Problematik, keine klare Linie in seinem Leben zu finden, kann zur kraftzehrenden Langeweile führen, zur Ziellosigkeit. Die „Kein-Interesse-Haltung", wenn sie nicht ein stumpfer Grundzustand ist, zeigt die Angst vor Versagen, hat die Diskrepanz zwischen illusionärer Zielvorgabe und tatsächlich Erreichbarem als Ursache.

Wenn ich immer nur Unerreichbares erreichen will, wenn ich in Verkennung der Wirklichkeit die Welt dazu zwingen möchte, das zu tun, was ausgerechnet ich möchte, dann hole ich mir schnell einen ‚blutigen Kopf'.

Wenn nun Lebenslust und Unternehmungsgeist schwinden und sich Sinnlosigkeit breit macht, dann ist es höchste Zeit, sich mit Wild Oat zusammen auf die Realitäten zu besinnen, welche das Leben vorgibt, auf die positiven Seiten, die in den ständigen Verzettelungen untergegangen sind.

Bei Wild-Oat-Typen gibt es viel Positives. Er ist offen für die Fragen des Lebens und der Schöpfung. Deshalb ist auf die bis jetzt vergrabene innere Stimme zu hören, mit der man in Zwiesprache treten sollte.
Dann entwickelt sich der gesuchte Weg, der eigene, persönliche Weg, der dann einfach und vertrauensvoll zu gehen ist.

Gruppe III, Ich-Schwäche

Heilstein mit der gleichen Wirkungsfrequenz wie Wild Oat:

36. Granat

Die Granat-Gruppe besteht aus 16 verschiedenen Mineralien, die selbst noch Unterabteilungen haben. Er kann, was wenig bekannt ist, je nach Mineral sämtliche Farben außer blau zeigen. Die chemische Formel aller Granate ist die gleiche, außer „Me", das für Metall allgemein steht. Was allgemein als Granat bekannt ist, ist der Pyrop mit seiner blut- bis schwarzroten Farbe. Aber auch der Almandin ist bekannt für sein schönes Rot.

Geschliffen können Granate leicht mit Rubin, Smaragd, Turmalin oder Peridot verwechselt werden. Es gibt viele Granat-Fälschungen auf dem Markt, besonders beim Pyrop.

Stichwort:

Mangelnde Zielrichtung, Unzufriedenheit

Wer im Wild-Oat-Zustand ist, der braucht als Hilfe einen Granat.

Sein Problem ist, daß er mit seinem Talent, seiner Begabung und Intelligenz zu viele Dinge gleichzeitig anpackt. Diese mangelnde Zielgerichtetheit macht unsicher und unzufrieden. Schwindendes Selbstvertrauen mit all seinen vielen negativen Auswirkungen sind die Folge.

Aus der Überlieferung:

Der Granat nimmt als Heilstein seit jeher und bei allen Völkern einen besonderen Stellenwert ein. Die Überlieferungen gehen zurück bis auf Noah, der diesen mit in der Arche gehabt haben soll.

An anderer, uralten Stelle wird er als „Carfunculus", als „glühender Stein" bezeichnet, dessen Träger durch ihn und seine Farbe großes Selbstvertrauen erhält.

Körperlich steht der Granat für ein kräftiges Herz. Er schützt dieses und regelt Blutdruck und Blutkreislauf. Es ist der Stein gegen Niedergeschlagenheit aller Art, gegen Lustlosigkeit und gegen das, was man in moderner Zeit „Langeweile" nennt. Durch seine aufmunternde Hilfe stärkt und festigt er ebenfalls den Sexualtrieb.

Das tiefe, dunkle Rot, das Rot des Herzens und der Liebe strahlt eine unbändige Kraft aus: Willenskraft, Durchsetzungsvermögen und das so wichtige und unerläßliche Vertrauen in die eigene Person, in das eigene „Ich"!

Gruppe III, Ich-Schwäche

37. Wild Rose

Die Heckenrose (rosa canina) gehört seit urdenklichen Zeiten zu uns, zu unserer Landschaft und zu unserem Lebensgefühl (falls wir uns dieses bewahren oder wiederfinden konnten). Es ist überliefert, daß schon vor über 4000 Jahren die Perser darangingen, aus dieser Rose Kulturformen zu züchten. In allen großen Kulturen wurde sie Göttern oder Göttinnen geweiht. Der innewohnende Gegensatz von Blüte und Dornen regte unzählige Dichter an, über sie zu schreiben.

Die Volksheilkunde kennt die Rosenblätter und Blüten als Stärkungsmittel. Als Mittel gegen Unfruchtbarkeit ist diese wilde Rose seit dem Altertum bekannt. Bei etlichen weiblichen Beschwerden und als Badezusatz eignen sich Rosenwasser und Rosenblüten im Badewasser mit Sicherheit noch heute.

Wild Rose als Bachblüte:

Wer Wild Rose braucht, hat sein Leben nicht mehr in der Hand und ist völlig resigniert. Er ist durch und durch unglücklich bis apathisch und hat den Kampf aufgegeben.

Müde, lustlos, matt und trübsinnig kommt er daher, mit schlaffer Stimme und oft schon gekrümmtem Gang.

Diese Selbstaufgabe, bei der der Wille zum echten Leben nicht mehr vorhanden ist, schlägt schnell auf den Körper durch und man kann die unglaubliche Bedrücktheit dieses Menschen hören und sehen. Der niedrige Blutdruck ist sozusagen „greifbar".

Natürlich ist diese „Endstufe" nicht bei jedem vorhanden, der auf Wild Rose anspricht. Die Vorstufen dazu sind vielfältig.

Dies kann, im günstigsten Fall, eine momentane Schwächung sein, auf Grund einer persönlichen Niederlage, die tief getroffen hat. Es können aber auch mehr oder weniger schwerwiegende kindliche Erlebnisse und/oder seelische Verletzungen sein, die Verursacher dieser fatalen Grundhaltung sind.

Da Angst die Triebfeder jeder inneren Lähmung ist, die sich dann mit der Zeit als Lähmung des Körpers manifestiert, ist hier, mit Hilfe von Wild Rose, an die Ursachen zu gehen. Der Weg dorthin dürfte keine kurzfristige Angelegenheit sein. Deshalb sollte man zur Einnahme eine Therapie in irgend einer Form angehen, denn ohne das Wissen, warum es einem so schlecht geht, wird sich auf Dauer keine grundlegende Veränderung einstellen können.

Gruppe IV, Realitätsprobleme, Depressionen

Heilstein mit der gleichen Wirkungsfrequenz wie Wild Rose:

37. Cyanit

Der Cyanit oder auch Disten mit seiner hell- bis weiß-blauen Farbe ist eine Aluminium-Silizium-Verbindung. Besonders die Griechen liebten ihn und kannten ihn unter dem Namen „Kynos". Er besitzt keinen festen Härtegrad, da er in unterschiedlichen Wuchs-Richtungen unterschiedliche Härten von 4 bis 7 aufweist. „Dis-Stenos", „Zweistein" nannten ihn schon deshalb die alten Griechen, weil seine Stärke so verschieden ist wie die zweier Steine.

Stichwort:
Resignation, fehlende Lebensfreude, Lähmung

Wer im Wild Rose-Zustand ist, braucht als Hilfe einen Cyanit, denn das tägliche „dahinschlurfen" ohne Energie und Lebensfreude schafft trüben Sinn und Lebens-Müdigkeit.

Der seelischen Lähmung folgt dann bald die Schlaffheit und Starrheit des Körpers.

Aus der Überlieferung:

Der Cyanit in seiner dunkelblauen Ausführung verkörpert bis zum heutigen Tag die Nationalfarbe der Griechen. Seit Alters her war er der Schutzstein dieser seefahrenden Nation. In ihm spiegeln sich die unendlichen Weiten des dunklen, blauen Meeres und des sonnenblauen Himmels.

Der Cyanit gilt besonders als ein Heilstein für den Hals- und Rachenraum. Menschen, die viel reden müssen wie Lehrer oder Schauspieler, sollten ihn immer bei sich tragen. Er kräftigt das Sprachzentrum und hilft bei Sprachstörungen aller Art.

Für die Psyche ist dies der Stein, welcher positive Lebenskraft vermittelt. Wie er körperlich vor Verkrampfungen im Kopfraum schützt, so löst er im psychischen Bereich die hemmenden „Einschnürungen" und baut den gebeugten Menschen wieder auf.

Der Cyanit hilft mit, das fehlende Selbstbewußtsein und die nötige Stärke zu finden, damit wieder Freude einkehrt und das Leben sinnvoll wird. So wie er den antiken Griechen mit seinem wunderbaren Blau Freude am Leben vermitteln konnte, so gelingt es ihm auch noch heute, wenn wir es nur zulassen!

Gruppe IV, Realitätsprobleme, Depressionen

38. Willow

Die gelbe Weide (Salix vitellina) ist an ihren recht gelben Zweigen zu erkennen. Sie wächst unglaublich schnell und hat eine ungeheure Kraft in sich. Zur Vermehrung braucht man nur einen dünnen Zweig abzuschneiden und in den Boden zu stecken. Wasser nicht vergessen, und schon wächst der neue Baum.

Weiden sind von altersher Hexenbäume. Unzählige Geschichten gibt es darüber. In der Volksmedizin spielt die Weide eine Rolle, da sie Salicin bildet, die im menschlichen Körper in Salicylsäure umgesetzt wird. Ein gutes Mittel gegen zu viel Harnsäure, sowie gegen Gicht und Rheuma.

❦ Willow als Bachblüte:

Wer Willow braucht, ist ein vom Leben enttäuschter Griesgram, der seine hohen Erwartungen nicht erfüllt sieht und die Hoffnung aufgegeben hat, diese Ziele noch erreichen zu können.

Es sind dies mißmutige Menschen voller Selbstmitleid, und oft, gerade wenn sie alt werden, regiert die Bosheit. Der negative Willow-Typ hat kein Selbstvertrauen mehr. Die Verbitterung über die „böse Welt" ist groß und Schuld haben in jedem Fall die anderen.

Wer kennt sie nicht, diese nörgelnden, griesgrämigen, mißmutigen Mitmenschen, die es scheinbar genießen, wenn andere im Unglück sind, die es schon immer gewußt haben, daß Glück eine Illusion ist und die mit blankem Haß auf die fröhliche, unbesorgte Jugend reagieren können.

Natürlich muß ein Willow-Typ kein dergestalt negativer Mensch sein, aber die Tendenz ist vorhanden. Wie schon einmal erwähnt, gibt es Menschen, die lieber sich selbst zu Grabe tragen, als ihre einmal erstellten illusorischen Vorstellungen von der Wirklichkeit. Sie klammern sich derart an ihr Weltbild, daß alles andere zu Grunde gehen kann. Und mit zu Grunde geht ihr Glück, ihre Hoffnung und ihre Freude am Sein, denn niemals paßt sich die Realität den Vorstellungen eines Menschen an.

Willow hilft, die Einstellung im Leben zu ändern, die Verbitterung zu überwinden und versetzt den Menschen in die Lage, die Welt realitätsbezogener zu sehen. Aber auch hier gilt: Es ist lange nicht mit der Einnahme einer Blütenessenz getan. Ohne das Wissen, warum man so reagiert, wird sich auf Dauer keine Veränderung einstellen können.

Gruppe II, Egozentrik, negatives Sozialverhalten

Heilstein mit der gleichen Wirkungsfrequenz wie Willow:

38. Blauquarz

Saphir- oder Blauquarz ist eine Bezeichnung für derbe oder Kristall-Quarze, deren blaue Farbe durch kleine Turmalin- oder Rutileinschlüsse entsteht. Blauquarz wird auch als Lasurquarz bezeichnet, Saphirquarz als blauer Aventurin oder Aqualith. Alle sind sie hell- bis dunkelblau. Der Saphirquarz ist meist undurchsichtig und glänzt wie Glas. Im Handel gibt es fast ausnahmslos den Saphirquarz, denn der Blauquarz ist inzwischen selten geworden.

Stichwort:
Verbitterung, Lebensgroll, fehlende Lebensfreude

Wer im Willow-Zustand ist, braucht als Hilfe einen Blauquarz.

Obwohl er oft ein sehr aktiver und leistungsfähiger Mensch ist, ist er vom Leben enttäuscht. Es hat sich bis jetzt nicht mit seinen Vorstellungen gedeckt und dies nimmt alle Freude.

Da der Willow-Typ die Hoffnung auf Änderung aufgegeben hat, ist seine negative Haltung in allen Dingen der vorherrschende Lebenszustand. Die Schuld liegt notfalls bei der ganzen Welt, nur eine eigene ist nicht zu erkennen. Dabei wäre doch nur die Sicht von der Welt zu ändern! Aber das Naheliegende ist oft unendlich schwer zu erreichen.

Aus der Überlieferung:

Der Blauquarz ist der Heilstein für Kopfschmerzen, Migräne und körperliche Verspannungen. Er hilft mit, Lähmungen aller Art vorzubeugen und kräftigt die Nerven des Bewegungsapparates. Auch bei Schmerzen im Kieferbereich hat sich dieser Stein als kräftiger Heiler bewährt.

So wie der Blauquarz mithilft, die körperlichen Spannungen zu beseitigen, so entkrampft er schon im Vorfeld die Seele. Die deformierte, gepanzerte Seele gilt es frei zu machen für positives Denken und Handeln. Gerade sehr tatkräftige Menschen mit großem Gestaltungswillen, die aber nun von Antriebslosigkeit oder von Depressionen heimgesucht werden, erhalten durch den Blauquarz wieder neue, positive Kraft.

Es wird empfohlen, ihn zusammen mit einer Bergkristall-Spitze zu tragen, da diese die Wirkung erheblich verstärkt.

Gruppe II, Egozentrik, negatives Sozialverhalten

Anwendungen

Wie stelle ich meine Blütenessenz-Mischung selbst her?

Sie kaufen in der Apotheke ein Pipettenfläschchen (30ml) und füllen es zu dreiviertel mit kohlesäurefreiem Quellwasser (Stilles Wasser). Hierzu geben Sie als Konservierungsmittel 45%igen Schnaps, Brandy, Cognac, was gerade vorrätig ist, oder, wenn Alkohol nicht genommen werden sollte, ganz normalen Speiseessig. Von den jeweiligen Vorratsfläschchen („Stock bottles") tropfen Sie jeweils 3 Tropfen in das Pipettenfläschchen. (Wenn wir z.B. 5 verschiedene Essenzen brauchen, sind dies fünf mal drei Tropfen.) Mehr als 5 Essenzen sollten es auch nicht sein.

Dosierung der Bachblüten-Mischung

Aus unserem Pipettenfläschchen nehmen wir vier Mal am Tag jeweils vier Tropfen direkt in den Mund, wo wir sie gut 15 Sekunden lang im Speichel einwirken lassen. Wenn es einem nicht gut geht, kann die Einnahmehäufigkeit bedenkenlos erhöht werden. Sie können im Notfall alle 30 Minuten die vier Tropfen nehmen, denn schädlich könnte höchstens der Alkohol sein.

Erstverschlimmerung

Es ist aus der Homöopathie bekannt, daß sich bei Ersteinnahme eines homöopathischen Mittels die Beschwerden vorübergehend verschlimmern können. Auf keinen Fall darf deshalb die Einnahme abgebrochen werden. Im Gegenteil, dies ist ein sicheres Zeichen, daß die Therapie greift.

Notfalltropfen

Aus der „Stock bottle" Rescue-Remedy-Konzentrat gebe ich sechs Tropfen in mein präpariertes 30ml-Pipettenfläschchen. Sie können auch diese sechs Tropfen in ein Glas mit Wasser geben und diese Mischung, über den Tag verteilt, zu sich nehmen.

Bachblüten als Badezusatz

Für ein Vollbad sollte man bis sechs Tropfen aus der Vorratsflasche, der „Stockbottle" nehmen.

Bei Abgespanntheit und/oder Erschöpfung ist besonders ELM oder OLIVE zu empfehlen.

Bachblüten als Salbe

Sie können sich selbst Ihre Bachblüten-Salbe herstellen, wenn Sie spüren, daß Ihnen diese gut tut. Auf jeden Fall gehört die Notfall-Salbe (Rescue Cream) zur unerläßlichen Ausrüstung, gerade für kleine Verletzungen, Hautausschläge, Wunden, Stiche, Prellungen oder Sonnenbrand. Für offene Wunden, wie z. B. Schnittwunden, ist sie nicht geeignet.

Diese Rescue Cream gibt es fertig in der Tube. Meine Empfehlung, besonders wenn Sie mehrere Personen im Haushalt sind: Besorgen Sie sich in der Apotheke eine neutrale Salbengrundlage oder Melkfett ohne Zusätze und rühren sie je Gramm zwei Tropfen Rescue-Remedy hinzu. Selbst Ihre Haustiere danken es Ihnen bei kleinen Verletzungen, Zeckenbissen, Verstauchungen, Abschürfungen und ähnlichem.

Das Herstellen von Edelsteinwasser

Genau wie alle homöopathischen Mittel bei Verdünnung mit Wasser ihre spezifische Information an das verdünnende Wasser abgeben, so geschieht dies auch mit den Informationen, welche die Heilsteine abgeben.

Stellen Sie Ihr eigenes homöopathisches Mittel her: Am Morgen legen Sie Ihren Stein, dessen Information Ihnen gut tut, in ein großes Glas Wasser, stellen dies auf die Fensterbank und legen ein helles Tuch darunter, damit das Sonnenlicht reflektiert wird. Schon am Mittag können Sie schlückchenweise von ihrem „Medikament" trinken. Es hat den großen Vorteil, daß es gänzlich ungefährlich ist.

Bevor Sie Ihren Stein ins Trinkwasser (am besten stilles Wasser aus einer guten Quelle) legen, überprüfen Sie immer, ob der Stein auch nicht negativ programmiert ist.

Auch hier haben wir mit der Einhand-Rute einen unschätzbaren Vorteil gegenüber allen anderen Menschen, die nur das befolgen können, was in den Büchern steht. Wenn Sie verschiedene Edelsteinbücher kaufen, dann kann ein Problem so oft verschieden behandelt werden, wie Sie Bücher haben! Das kann so weit gehen, daß eine Anleitung angibt, einen Stein in der Sonne zu lagern und eine andere, daß dieser Stein keine Sonne mag, weil er aus der Tiefe der Erde kommt. Wir lösen das Problem einfach: Wir fragen den Stein, was er möchte. Mit der Einhandrute werden wir unser eigener Therapeut!

Edelsteinelixiere

Dies sind Mischungen verschiedener Edelsteinwässer. Um die Wirkung unseres Edelsteinwassers zu verstärken, stellen wir Edelsteinwasser aus den Steinen her, die uns zugeordnet sind. Zum Trinken mischen wir die verschiedenen Wasserarten und trinken mindestens jeweils morgens und abends davon ein viertel Liter.

Suchtentwöhnung (Rauchen, Alkohol usw.)

Jede Sucht, die nicht befriedigt wird, erzeugt eine Spannung im Organismus, die den Menschen dann dazu treibt, das Suchtmittel zu sich zu nehmen, damit diese Spannung sich mildert. Die Spannung, dieser „Druck" macht es dann meist sehr schwer, ohne dieses Suchtmittel auszukommen.

Um mitzuhelfen, die Spannung zu ertragen, hat sich folgende Mischung aus Edelsteinwasser und Bachblüten bewährt: Amethyst-Edelsteinwasser: Sie legen einen großen oder mehrere kleine Amethyste in ¼ l Quellwasser (Stilles Wasser) und lassen dies mindestens 12 Stunden stehen. Dann geben Sie je 2 – 3 Tropfen Bachblüten aus Ihrer Vorratsflasche (Stock-bottle) hinzu:

ROCK ROSE, AGRIMONY, CLEMATIS, STAR OF BETHLEHEM.

Nehmen Sie, immer wenn der „Druck" kommt, ein kleines Schlückchen oder füllen Sie ein Pipetten-Fläschchen voll und nehmen sie immer sofort, wenn der Gedanke an den entzogenen Stoff Sie erreicht, einen kleinen „Schuß" aus der Pipette direkt in den Mund.

Das ganze verstärkt sich noch, wenn Sie einen Amethysten bei sich führen und/oder einen kleinen im Mund mit sich tragen. Zu allem dann der eiserne Wille mit Selbstüberlistung: „Heute nicht! Morgen auf jeden Fall wieder, aber heute nicht!"

Heilbäder mit Ihren Edelsteinen

Ein heißes Bad entspannt nicht nur die Haut und öffnet die Poren. Es leitet innere, psychische Spannung ab. Geben Sie außer Ihrem Lieblingsduft und einer Handvoll Halit (Steinsalz) unbedingt ihre Lieblings-Edelsteine schon in das einlaufende Wasser! Da Ihnen das Prinzip der homöopathischen Informationsabgabe bekannt ist, braucht über die Wirkungsweise hier nichts mehr gesagt zu werden. Nur vielleicht dies, daß Wasser wegen seiner Clusterbildung die idealste Trägersubstanz für diese Information ist. Schade, daß in immer mehr Wohnungen nur Duschen installiert werden. Ein großes Stück Lebensqualität geht dadurch verloren. Allerdings können Sie sich auch mit einem Fußbad, dem Sie Ihre Steine beigeben, behelfen.

Der Bergkristall, der besondere Stein

Der Bergkristall ist trigonal und bildet sichtbare, kristalline Kristalle mit sechsteiligen Prismen. Er ist klar, mit nur wenigen Trübungen. Milchig trüb wird der Bergkristall zum Milchquarz.

Der Bergkristall wächst. Je nach der Wachstumsbedingung und der Wachstumszeit bildet er verschiedene Formen der Kristalle. Es ergibt sich von der Basis bis zur Spitze eine wendeltreppenartige Kristallstruktur, die rechtsdrehend oder linksdrehend sein kann. Oft wachsen Kristallzwillinge, wobei der eine männlich, der andere weiblich ist und beide noch dazu verschieden in der Drehungsstruktur sind. Die Art der Kristallstruktur ist durch mentales Abfragen mit der Einhandrute feststellbar. Die Außenflächenbildung gibt darüber eine sichtbare Auskunft. Hier ergibt sich ein eigenes Forschungsgebiet mit hochinteressanter Literatur.

Die wichtigsten Kristallformen:

„Channelingkristalle" haben eine siebenseitige Pyramidenfläche, der eine dreiseitige gegenüberliegt.

„Transmitterkristalle" haben eine dreiseitige Pyramidenfläche, von zwei siebenseitigen eingerahmt.

„Dow-Kristalle" wurden von den Indianern „Großmutter-Großvater-Kristalle" genannt, weil die Pyramidenflächen im genauen Wechsel 7-3-7-3-7-3 erfolgen.

Der „Generator" ist der typisch männliche, der „Sammelkristall" der typisch weibliche Kristall.

Weiter gibt es: „Laserkristall", „Tabularkristall", „Abzieher", „Fensterkristalle", „Speicherkristalle", „Doppelender". Noch zu erwähnen sind die „Phantomquarze", die „Skelettquarze", die „Nadelquarze" und die „Harmoniekristalle".

Edelsteinmassage mit dem Bergkristall

Hier haben sich Bergkristall-Spitzen allerbestens bewährt! Der Bergkristall, und das unterscheidet ihn von allen anderen Steinen, gibt extrem viel Photonen, also Lichtenergie ab und bündelt diese an seiner Spitze. Durch seine Größe und seine Form wirkt er als „Hohlraumresonator". Die Wellen werden im Innern hin und her reflektiert und es entstehen stehende Lichtwellen, welche die Photonenenergie verstärkt abgeben.

Eine Massage mit der Bergkristallspitze an Akupunkturpunkten soll besser sein als Elektroakupunktur, weil bei letzterer nur elektromagnetische Wechselwirkungen im Spiel sind und keine elektrostatischen.

Sensible Menschen spüren die Energieabgabe an der Bergkristall-Spitze leicht, wenn sie diese dicht an die Fingerspitzen (Rand des Nagelbettes) halten.

Unter dem Kopfkissen kann es sein, daß Sie den Kristall etwas von Ihrem Kopf entfernen müssen, weil die Energieabgabe auf Dauer zu stark ist. Große Kristalle sind wirksamer als kleine. Als „Schlafsteine" empfehle ich jedoch solche, die noch in die ziemlich geschlossene Hand passen.

Akupunktur-Behandlung: Bergkristall aufsetzen und leicht massieren.

Behandlung blockierender Narben: Bergkristall um die Narben herum aufsetzen, leicht andrücken und einige Zeit einwirken lassen.

Kristallmassage: Mit einem Bergkristall entlang der Wirbelsäule hinauf- und hinuntermassieren.

Schlafstein: Ein Bergkristall, der noch in die geschlossene Hand paßt, eignet sich hervorragend als Schlafbegleiter, sei es in der Hand oder unter dem Kopfkissen. Die Schlafqualität kann sich dramatisch verbessern; Träume können sehr klar werden.

Schmerzhilfe: Als Hilfe gegen den Schmerz gilt allgemein, den Bergkristall auf die schmerzende Stelle zu legen oder mit Klebeband festzukleben.
Hierzu eignen sich auch sehr gut kleinere Trommelsteine.

Wenn Sie keine Einhandrute besitzen und den Kristall nicht mental abfragen können, so reinigen Sie ihn grundsätzlich sieben Tage und Nächte in Salzwasser. Ein Bergkristall ist sehr leicht negativ zu programmieren und speichert die Krankheiten und negativen Ausstrahlungen derjenigen, die ihn vor Ihnen in der Hand hatten. Da er ja auch Ihre negativen Ladungen übernimmt, sollten Sie ihn einmal die Woche über Nacht im Salzwasser reinigen.

Mit dem Problem auseinandersetzen

Sie haben Ihre speziellen Bachblüten und Heilsteine nun herausgefunden und sie nach Priorität geordnet. Sie haben die Blüteninformationen vielleicht schon mischen lassen oder selbst gemischt, eingenommen und die Veränderung in der Psyche, auch mit Hilfe der Heilsteine, hat vielleicht schon eingesetzt. Aber nun?

Beim chemisch-mechanistischen Modell von Medizin wäre der Patient überglücklich über die Problemlösung, und der Arzt wäre froh, mit seinem Sachverstand oder Gottes Hilfe das richtige Medikament gefunden zu haben.

Der Patient würde meinen, die Inhaltsstoffe des Medikamentes hätten die Krankheit behoben und er ginge, wie gehabt, seinen Geschäften nach.

Und hier liegt der tiefgreifende Fehler unserer chemischen Medizin, die immer noch die Welt oder den Menschen als Maschine begreift. Krankheit ist das kaputte Rädchen, das man entweder wieder schmieren muss, damit es wie vordem läuft, das man repariert oder schlimmstenfalls auswechselt.

Selbst wenn Ihre Bachblüten gut und positiv wirken, wenn Ihr Heilstein in der Hand wohltuend „klopft": Nicht alles ist behoben oder geheilt! Die Schwingungen wirken und zeigen an, daß wir mit unserer Einschätzung der Problematik richtig liegen. Wir selbst sind aufgefordert, weiter an den eigenen Problemen zu arbeiten.

Halit – der ganz besondere Stein

Halit oder Steinsalz ist eine Natrium-Chlorid-Verbindung, die meist würfelig und in dicken Kristallen auskristallisiert ist. Als Farbgeber tritt vor allem das Eisen hervor, was das Steinsalz orange bis rot werden läßt. Es glänzt glasartig. Halit darf nicht mit Sylvin verwechselt werden, dem Kalisalz.

In Europa gibt es wenige Lagerstätten, die schonend ausgebeutet werden. Eine davon, deren Eigentümer wunderbar kristalline Salzblöcke in Handarbeit fertigen läßt, liegt in Polen. Die Abbau-Tiefe liegt derzeit bei etwa 800 Meter. Auch die Salzkristall-Lampen von dort, mit dem Markennamen „Solanka", sind als sorgfältig gearbeitete Unikate inzwischen sehr begehrt.

Der jetzt im Ruhestand lebende Fernsehjournalist und Radiästhet Helmut Seifert hat im Eigenverlag ein 80-seitiges Büchlein diesem ungewöhnlichen Thema gewidmet. Es heißt: „Naturkraft Salzkristall, Bioschwingungen für die Gesundheit."

Welche Wirkungen hat nun das Halit als etwa 1 bis 2 kg schwerer Stein oder als Salzkristall-Lampe?

Bioenergetische Schwingungen der Kristalle
Der Salzkristall-Block gibt positive bioenergetische Schwingungen ab, die wohltuend auf unser gesamtes Biosystem wirken. Der direkte Wirkungsradius des Salzblockes ist mit Pendel oder Einhandrute gut zu messen und beträgt etwa zwei Meter. In diesem Radius wird Negativenergie in positive umgewandelt, das heißt, daß die Energieaufnahmestellen der Haut, die Chakren und die Verbindungspunkte zu den Meridianen mit positiven Informationen versorgt werden. Negative Muster, wie sie z.B. von Magnetfeldern entstehen (E-Smog), kommen nicht zur Geltung. Auf dem Nachttisch neben dem Bett aufgestellt, kann dieser Stein ein dauerhafter Segen sein, der zu einem befreienden Schlaf verhelfen kann.

Bioenergetische Schwingen der Farbe
Die Verbindung der Kristallschwingungen mit dem orangen Licht der Salzlampe ergibt eine noch stärkere Wirkung auf unser feinstoffliches System. Hier sehen das Auge und die Seele mit.

Salzkristall-Lampen ionisieren die Raumluft
Was lange Zeit nur vermutet wurde, ist jetzt wissenschaftlich nachgewiesen. Dipl. Ing. N. Honisch (Siehe: Wichtige Adressen) wies mit einem wissenschaftlichen Meßgerät (Ionometer) nach, daß Salzkristall-Lampen den biologisch wichtigen Anteil neg. Kleinionen in der Raumluft innerhalb von 12 Stunden um 300% erhöhen.

Wir kommen von Ewigkeiten

*

Wir kommen von Ewigkeiten
Und gehen wieder dorthin
Wir sahen schon viele Zeiten
Das ist des Werdens Sinn
*

Wir waren in allem Leben
Das diese Erde je sah
Wir sind das Ewige Streben
Sind das was immer geschah
*

Wir kennen die Ewigkeiten
Und sterben ist ein Gewinn
Erst blühende Wiesen beschreiten
Dann gehen – So ist der Sinn
*

Wir waren vor Zeiten Steine
Als diese Erde begann
Wenn heut' wir vor Trauer weinen
Dann denken wir daran:
*

Wir kommen von Ewigkeiten
Und gehen wieder dorthin
Wir waren in vielen Zeiten
Das ist des Vergehens Sinn

W. Häge

Bachblüten- und Edelsteintherapie

Gewähr für echte Heilsteine

Leider sind in letzter Zeit immer mehr gefälschte oder gefärbte Steine auf dem Mineralienmarkt zu finden. Viele Steine werden in Kunstharzlacke getaucht und dann wird nicht der Stein, sondern der Lacküberzug poliert. Der ungeübte Kunde kann dies kaum oder gar nicht erkennen. Ich habe deshalb den Diplom-Mineralogen Dietmar Böhme gebeten, die in diesem Buch gezeigten 38 Heilsteine zu prüfen. Hier das Interview mit Herrn Böhme:

Häge: „Herr Böhme, Sie sind Diplom-Mineraloge. Können Sie uns etwas über Ihren Beruf sagen?"

Böhme: „Diplom-Mineralogen sind an deutschen Universitäten ausgebildete Fachwissenschaftler mit dem Studiengang Mineralogie. Die meisten der Absolventen arbeiten in der Industrie und haben oft forschend zu tun, von der Fluor-Zahnpasta bis zu menschlichen Plantaten. Die heutigen, selbständigen Lehrstühle waren früher Bestandteil des Lehrstuhles für Chemie. Es ist eine ganz anwendungsbezogene Wissenschaft."

Häge: „Sie können also ein Gutachten über einen Ihnen vorliegenden Stein abgeben, ohne ihn zu beschädigen?"

Böhme: „Richtig, ich erstelle Gutachten über Edelsteine, Mineralien und über technische Produkte aus diesem Bereich, wobei ich, im Gegensatz zum Chemiker, die Probe nicht pulverisieren oder auflösen darf. Wir haben dafür optische und physikalische Test-Methoden."

Häge: „Sie haben die Serie dieser 38 Heilsteine begutachtet. Was können Sie darüber sagen?"

Böhme: „Bei handelsüblicher Schmuckware ist es mit dem starken Aufkommen von Modeschmuck aus Natursteinen in den letzten Jahren üblich geworden, daß Steine gefärbt oder durch radioaktive Bestrahlung und durch Brennprozesse verändert werden. Wir unterscheiden zwei große Gruppen von Veränderungen: 1. Steine werden gefärbt oder bestrahlt, um diese optisch zu verbessern. Bei solcherart verändertem Material kann man von einer Betrugsabsicht ausgehen, da eine Hochwertigkeit vorgetäuscht wird. 2. Steine werden erhitzt, um Farbveränderungen zu erzielen. Dieses Erhitzen ist historisch gewachsen und bekannt und stellt lediglich eine Farbveränderung des Steines dar.

Bei Ihrer Serie ist zu sagen, daß kein Stein gefärbt wurde. Ihr Karneolachat und der Karneol können temperaturbehandelt sein, das ist nicht nachzuprüfen. Dies mindert auch nicht die Qualität. Man weiß, daß dies seit der Jungsteinzeit schon gemacht wird, und was Ausgrabungen belegen, mit technisch hochwertigen Apparaturen. Schon dreitausend Jahre vor der Zeitenwende wurde z. B. brauner Zirkon zu einem hellblauen gebrannt. Dies waren zufällige Entdeckungen an Feuerstellen, denen man dann nachgegangen ist."

Häge: „Gut, diese 38 Heilsteine sind also allesamt echte, unverfälschte Steine. Wenn Sie nochmals über die Steine schauen, gibt es da vielleicht Besonderheiten, zu denen Sie noch etwas sagen möchten?"

Böhme: „Etliche Steine dieses Satzes haben besonders schöne Farben und sind auch von außergewöhnlicher Größe für Trommelsteine. Normalerweise sind diese im Handel kleiner. Die Klarheit der einzelnen Farben ist überdurchschnittlich gut, sie entsprechen der optimalen Farbe und der optimalen Struktur des jeweiligen Steines. Die Apachenträne, um einen Stein herauszuheben, ist undurchsichtig schwarz, aber gegen das Licht gehoben durchsichtig braun. Bei den Regenbogenfluoriten ist sehr interessant, daß diese Farbabfolge der Steine nur durch eine hochwertige Bearbeitung so sichtbar gemacht werden kann. Sie müssen alle sehr lange mit der Hand poliert werden, jeder einzeln für sich.

Zum Citrin ist noch zu sagen, daß unter diesem Wort früher verschiedene Steine verwendet wurden. Hier haben wir einen klaren, echten Naturcitrin aus dem Bereich der gelben Rauchquarze. Es gibt heute im Handel auch Citrine, die aber gebrannte Amethyste sind. Seltenheiten in dieser 38-Steine-Serie, die man sehr vorsichtig behandeln sollte, sind der naturklare Bernstein von hervorragender Qualität und der Azurit, der wegen seiner geringen Härte immer in einem Beutel getragen werden sollte."

Häge: „Herr Böhme, werden Sie unseren Lesern mit Ihrer Sachkenntnis zur Verfügung stehen, wenn diese Heilsteine aus dieser Serie kaufen wollen?"

Böhme: „Ich werde über jeden Stein, den ich begutachten konnte, ein Qualitäts-Zertifikat erstellen. Sie, beziehungsweise der Verlag, müssen den Käufern dann die Stelle benennen, an der sie diese von mir zertifizierten Steine kaufen können. Die Zertifikate tragen unser Signet „Naturwunder, Dipl.-Minerologe Böhm (c)"."

Häge: „Wir werden dies tun und bedanken uns ganz herzlich für Ihre Ausführungen."

Bezug dieser Steine: Institut für Schadstoffmessung und IFS-Naturversand Anton Häge, Hauptstraße 218, 67473 Lindenberg, Tel. 0 63 25/98 00 99, Fax: 98 02 90

Salzkristall-Lampen

Das Halit unserer Lampen kommt aus einem Salzstock mit qualitativ hochwertigem, grobkörnigem Salz. Es zeichnet sich darüber hinaus durch starke Farbwirkung und geringes hygroskopisches Verhalten aus.

Es wird etwa 1000 Meter unter der Erde abgebaut und in Handarbeit zugehauen. Jede Lampe ist somit ein Unikat!

Die Lampen sind in der Regel orange oder weiß, wobei Farbabweichungen oder Einschlüsse naturgegeben sind und keine Qualitätsminderung bedeuten!

Die Lampen wirken in dreifacher Weise positiv auf das „Biosystem Mensch":

1. Verbesserung der Luftionisation im Wohnraum. Eine Vermehrung der für uns so wohltuenden Negativionen ist durch wissenschaftliche Untersuchung belegt.
(Wir stellen diese unseren Verkaufspartnern zur Verfügung.)

2. Radiästhetisch (mit Pendel oder Einhandrute) ist der positive, bioenergetische Wirkungsradius bei jeder Lampe festzustellen, auch wenn sie nicht brennt. Er kann, je nach Größe des Halits, bis zu acht Meter betragen.

3. Die Farbschwingung im orangenen Bereich liegt bei etwa 700 Nanometern und wirkt bei vielen Menschen wohltuend auf die Psyche. Schwingungsdefizite im menschlichen Aura-Bereich werden vermindert bzw. ausgeglichen.

Die Kombination der bioenergetisch positiven Strahlung mit der Farbstrahlung ist wohl das Phänomen, das die ungewöhnliche Wirkung dieser Lampen ausmacht. Sie wird von Heilpraktikern, Feng-Shui-Beratern und Bioenergie-Therapeuten empfohlen.

Lampen mit Teelichtern, Lampe Mitte zusätzlich mit Glasaufsatz als Duftlampe

Elektrische Lampen gibt es in verschiedenen Größen und in den Farbtönen weiß bis orange-rot

Einhandrute zum Austesten mit Holzgriff, speziellem Stahl und Bergkristallspitze

**IFS-Naturversand – Vertriebs-Cooperative
Institut für Schadstoffmessung Anton Häge**

Hauptstraße 218 · 67473 Lindenberg · Tel. 0 63 25/98 00 99 · Fax 98 02 90

Bachblüten- und Edelsteintherapie

Wichtige Adressen:

Dr. E. Bach Centre, Mount Vernon, Wallingford, Oxon, OX 10 OPZ, England

Josef Becker, Yogazentrum Neustadt/W., Hohe Wende 19, 67433 Neustadt/W., Tel.: 0 63 21/8 16 87: Becker ist forschend mit der „Pyramiden-Resonanzenergie" beschäftigt. Entwicklung eigener Pyramiden.

Gisela und Hans-Hubert Erkens, Wassersuche, auch in aussichtslosen Fällen. Nordring 68, 35614 Aßlar-Werdorf, Tel.: 0 64 43/17 15, Fax: 59 87

Forschungskreis für Geobiologie Dr. Hartmann e. V., Adlerweg 1, 69429 Waldbrunn, Tel.: 0 62 74/68 68, Fax: 17 02
Seminare und Weiterbildung in Radiästhesie. Herausgeber einer geobiologischen Zeitschrift.

Walter Häge, Radiästhet
Radiästhetische Seminare zur bioenergetischen Strahlung lebender und nicht lebender Materie. Kommunikationstraining mit Edelsteinen, Pflanzen, Bachblüten. Verträglichkeitstests Lebensmittel, Materialien.
Seminartermine und Infos gegen frankierten Rückumschlag an:
Institut für Schadstoffmessung, Anton Häge, Hauptstraße 218, 67473 Lindenberg

Reinhard Heuser, Diplomingenieur, autorisierter Elektrobiologe der internationalen Gesellschaft für Elektrosmogforschung, Rosenweg 11, 76351 Linkenheim, Tel.: 0 72 47/94 67 – 70, Fax: 94 67 – 71
Heuser ist Fachmann für schadstoffarme Materialien im Wohnungsbau. Parallel dazu arbeitet er mit der neuesten elektronischen Meßtechnik. Ein wichtiges Thema ist die Ankoppelung des menschlichen Körpers an vorhandene Stromkreise und die damit zusammenhängenden unspezifischen Beschwerden. Er analysiert die Belastung und zeigt Abhilfe auf.

Norbert Honisch, Dipl.-Ing., Ingenieurbüro für Umweltstress-Analytik, Messung und Abschirmung von Hochfrequenz und Mikrowellen, insbesondere durch biologisch riskante Mobilfunkstrahlung
Birkenstraße 6, 72813 St. Johann, Tel./Fax: 0 71 22/8 24 07

Institut für Schadstoffmessung und IFS-Naturversand Anton Häge.
Es ist die Bezugsadresse für Salzkristall-Lampen, Einhand-Rute und geprüfte Heilsteine. Bitte Preisliste anfordern.
Hauptstraße 218, 67473 Lindenberg, Tel.: 0 63 25/98 00 99, Fax: 98 02 90

Wolfram König, Diplomingenieur, geobiologischer Berater. Er ist Spezialist für Bauplatz, Haus- und Wohnungsuntersuchungen. Hier insbesondere geologische Verwerfungen, Wasseradern und Erdmagnetfeld-Anomalien.
Hohe Straße 1, 69429 Waldbrunn, Tel.: 0 62 74/64 97, Fax: 51 97

Laus GmbH, Schadstoffanalytik, Dr. Dietmar Kuhn, Jutta Paulus, Pharmazeutin, Jörg Paulus, Dipl.-Chemiker. Material- und Raumluftuntersuchungen auf Schadstoffe aller Art.
Mandelring 47, 67433 Neustadt/W, Tel.: 0 63 21/3 53 15, Fax: 48 05 78
Die „Laus"-GmbH hat Niederlassungen in mehreren Städten.

Literatur:

Diamond, John: Der Körper lügt nicht, Verlag für angewandte Kinesiologie, 1994.
Ditfurth, Hoimar v.: Kinder des Weltalls, dtv 1983
Edition Methusalem: Das große Lexikon der Heilsteine, Düfte und Kräuter, 1996
Freud, Sigmund: Hemmung, Symptom, Angst, Kindler 1978
Fritsche, H.: Samuel Hahnemann, Burgdorf 1979
Fromm/Suzuki/Martino de: Zen-Buddhismus und Psychoanalyse, Suhrkamp 1971
Hildegard, Hl.: Heilkraft der Edelsteine, Weltbild 199
Hofmann, Helmut: Edelsteintherapie, Bauer 1995
Janus, Ludwig: Wie die Seele entsteht, Hoffmann u. Campe 1991
Leadbeater C. W.: Der sichtbare und der unsichtbare Mensch, Bauer 1996
Leadbeater C. W.: Die Chakras, Bauer 1996
Mastny, Michael: Steine, die dem Menschen helfen, Orac 1995
Müllenmeister, Hans Jörg: Faszination Edelsteine, Eigenverlag 1990
Paris Don/Köhne Peter: Die vorletzten Geheimnisse: Euro 1996
Popp, Fritz-Albert: Die Botschaft der Nahrung, Fischer 1690, 1994
Ruppenthal, Eigenverlag: Wunder aus dem Reich der Mineralien
Riemann, Fritz: Grundformen der Angst, E. Reinhard 1986
Roberts, Jane: Gespräche mit Seth, Goldmann 1986
Sheldrake, Rupert: Die Wiedergeburt der Natur, rororo 1994
Silbey, Uma: Heilkraft der Kristalle, Peter Erd 1993
Spiesberger, Karl: Der erfolgreiche Pendelpraktiker, Bauer Verlag 1995.
Zukav Gary: Die tanzenden Wu Li Meister, rororo 1994

VIER FLAMINGOS
Bücher, die ihr Leben verändern könnten...

Dies ist die Neuauflage des seit langem vergriffenen Buches über Heilatmung von Prof. Tirala.
Wir meinen, daß dieses wegbereitende Buch eine Renaissance verdient hat, da es schon früher, sehr zum Vorteil seiner Anwender, ein breites Interesse gefunden hat.
218 Seiten DM 42,-

Neu in unserem Programm ist auch „Saure Nahrung macht krank" vom „Altstar" der säurefreien Kost, Fred W. Koch. Diese Darstellung der säurefreien Kost ist das Werk eines Mannes, der die größten Erfahrungen in ihrer Anwendung und Erkennung der Zusammenhänge auf den Organismus hatte.
414 Seiten DM 42,-

Fred. W. Koch

Nahrung macht krank

Vier Flamingos • Rheine

Dr. Klaus Hoffmann/Axel Berendes

Rette Dein Immunsystem

Ein Leitfaden zum Überleben in einer Welt voller Umweltgifte, Zivilisationskrankheiten, Psychostreß sowie Folgen medizinischer Diagnostik und Therapie

Vier Flamingos • Rheine

Die Autoren setzen sich mit den vielfältigen gesundheitsschädigenden Einflüssen der heutigen Zeit auseinander - vom vergifteten Boden bis zur vergessenen Psyche, vom „Giftorgan" Darm bis hin zur „Lustseuche" Herpes, von der „Wunderdroge" Cortison bis hin zu vermeidbaren Operationen und zeigen Ausstiegsmöglichkeiten aus diesem Teufelskreis auf.
335 Seiten DM 42,-

Das umfassendste und informativste, für Laien und Therapeuten konzipierte, ganzheitlich orientierte Rheumabuch. Beiträge über Ursachen, Ernährungs- und Fastentherapie sowie allgemeine und spezielle Behandlungsmaßnahmen machen dieses Buch zu einem umfassenden Kompendium für die Behandlung rheumatischer Erkrankungen in heutiger Zeit.
200 Seiten DM 38,-

Vier Flamingos
Verlags- und Vertriebs GmbH
Münsterstr. 86 D-48431 Rheine
Postfach 1554 D-48405 Rheine
Tel: 05971/13015 + 16
Fax: 05971/13017
E-Mail: flamingo@st-oneline.de

Vier Flamingos ist der Medizin- und Gesundheitsverlag, der wie kein anderer das Ziel hat, einzigartige Bücher herauszubringen, die sich durch überragende fachliche Kompetenz, aber einfache und deutliche Darstellungsweise der Themen hervorheben.

GUY LAFORGE

DIE VERBORGENEN KRANKMACHER

Wie unser gesundheitliches Gleichgewicht durch Elektrosmog, Erdstrahlen, Nahrungs- und Umweltgifte beeinflußt wird.

ISBN 3-9801196-7-x / 29,- DM
Bestell-Tel. 06 11-52 24 48
Bestell-Fax 06 11-59 73 28

modul·verlag